KB077758

풍요한 삶으로 안내할 최적의 길이
당신 앞에 닦여 있습니다.
함께 출발할까요?

_____님께

_____드림

AFFLUENCE INTELLIGENCE:

Earn More, Worry Less, and Live a Happy and Balanced Life

by Stephen Goldbart and Joan Indursky DiFuria

This Korean edition is published by arrangement
with Stephen Goldbart and Joan Indursky DiFuria c/o
The Agency Group, Ltd., New York through Duran Kim Agency, Seoul.

부자지능

가난하게
살 수밖에 없는 사람

부자가 될
수밖에 없는 사람

부자지능

2013년 1월 30일 초판 1쇄 발행 | 2013년 2월 5일 6쇄 발행
지은이 · 스티븐 골드바트, 조안 디퓨리아
옮긴이 · 김세영

펴낸이 · 박시형
책임편집 · 권정희, 임지선 | 디자인 · 박보희

경영총괄 · 이준혁
마케팅 · 장건태, 권금숙, 김석원, 김명래, 탁수정
경영지원 · 김상현, 이연정, 이윤하
펴낸곳 · (주) 쌤앤파커스 | 출판신고 · 2006년 9월 25일 제406-2012-000063호
주소 · 경기도 파주시 회동길 174 파주출판도시
전화 · 031-960-4800 | 팩스 · 031-960-4805 | 이메일 · info@smpk.kr

ⓒ 스티븐 골드바트 · 조안 디퓨리아 (저작권자와 맺은 특약에 따라 검인을 생략합니다)
ISBN 978-89-6570-128-6 (03320)

쌤앤파커스(Sam&Parkers)는 독자 여러분의 책에 관한 아이디어와 원고 투고를 설레는 마음으로 기다리고 있습니다.
책으로 엮기를 원하는 아이디어가 있으신 분은 이메일 book@smpk.kr로 간단한 개요와 취지, 연락처 등을 보내
주세요. 머뭇거리지 말고 문을 두드리세요. 길이 열립니다.

부자지능

스티븐 골드바트, 조안 디퓨리아 지음 | 김세영 옮김

가난하게
살 수밖에 없는 사람

부자가될
수밖에 없는 사람

CONTENTS

prologue | 부자지능이 있으면 누구나 부자가 될 수 있다 • 10

1장 무엇이 당신을 부자로 만드는가?

부자지능 프로그램의 네 개 영역 :
우선순위, 행동방식, 태도, 재정적 효율성 • 23
자신에게 무엇이 중요한지 깨닫는 자가 부자가 된다 • 25
돈만 많은 부자를 넘어 인생이 풍요한 부자로 • 30
부자지능을 키워줄 3개월 프로젝트 • 35

2장 당신 삶을 이끄는 우선순위는?

우선순위 1. 부유함:
필요와 욕구를 채울 만큼 충분한 돈을 버는 것 • 42

우선순위 2. 사람:
중요한 사회적 관계를 맺고 유지하는 것 • 51

우선순위 3. 생산성:
자신을 발전시키는 활동에 적극 참여하는 것 • 56

우선순위 4. 열정:
삶에 흥분과 기쁨을 가져다주는 것 • 62

우선순위 5. 내면의 평화:
충만감과 만족감, 평정심을 갖는 것 • 66

삶의 우선순위를 보려면 • 69

당신에게 가장 중요한 것은 무엇인가? • 77

당신을 위한 테스트 • 86

부자지능 테스트 A부분 : 우선순위 • 92

3장 풍요함을 낳는 행동방식과 태도

행동방식: 언제 어디서든 꿈을 향해 나아간다 • 97

태도: 스스로 가능성을 열어나간다 • 110

부자가 되기에 걸맞은 행동방식과 태도를 갖추고 있는가? • 127

부자지능 테스트 B부분 : 행동방식과 태도 • 129

4장 재산 가치를 높이는 재정적 효율성

재정적 능력: 내 돈을 내 뜻대로 쓸 수 있다 • 140

재정적 편안함: 돈 앞에서 떳떳하다 • 142

돈에 대한 환상에 사로잡혀 있지 않은가? • 144

당신의 돈, 당신이 책임져라 • 151

부자지능 테스트 C부분 : 재정적 효율성 • 154

5장 이것만 고치면 부자지능이 올라간다

부자지능 조절기의 눈금을 올려라 • 159

당신의 어떤 마음이 부자지능을 낮추고 있는가? • 165

방어기제를 관리하라 • 186

6장 당신의 부자지능은 몇 점?

부자지능 평가 : 나는 어떤 사람인가? • 193

강점과 약점이 부자지능에 어떤 영향을 미칠까? • 197

7장 부자지능, 높일 수 있다

실행 계획을 세우기 전에 · 207

부자지능을 높이는 3개월 계획 세우기 · 210

자신의 계획표 작성하기 · 224

8장 부자지능을 높이는 3개월 프로그램

첫째 달 : 실행 방안 결정하기 · 237

둘째 달 : 실천에 전념하기 · 244

셋째 달 : 가속도 내기 · 252

매달 해야 할 일 : 꾸준함이 중요하다 · 258

부자지능을 위한 3개월 여정을 마치며 : 다시 검토하기 · 265

epilogue | 풍요하고 균형 잡힌 삶을 위하여 · 267

부자지능이 있으면
누구나 부자가 될 수 있다

- 삶이 충분히 만족스럽게 느껴지지 않는다.
- 어디로 가야 할지 목적의식을 잃고 산다.
- 내가 좋아하는 일을 할 시간이 부족하다.
- 사랑하는 사람들과 보내는 시간이 늘 부족하다.
- 사람들은 늘 내가 할 수 있는 것보다 더 많은 것을 나에게 원한다.
- 내가 가진 능력보다 못한 삶을 살고 있다.
- 이건 내 삶이 아닌 것 같다. 대체 뭐가 잘못된 걸까?
- 아무리 열심히 노력해도 원하는 것을 이룰 수가 없다.
- 날 행복하게 해주던 것들로부터 더는 행복을 느낄 수 없다.
- 미래가 두렵다.

- 매일 시간을 쏟는 일과, 내가 진짜 하고 싶은 일에 차이가 있다.
- 삶은 그냥 나를 스쳐 지나가는 것 같다.
- 늘 만족스럽지 않고 뭔가가 빠진 것 같다.

앞의 목록 가운데 당신에게 해당하는 항목이 있는가? 그렇다면 당신도 부자지능을 높이는 법을 배워야 한다.

누구나 부자가 되고 싶어 한다. 단순히 물질적으로 부유해지는 것뿐 아니라, 정신적으로도 풍요롭고 만족스러운 삶을 살기를 바란다. 그렇다면 부유한 사람들은 어떤 재능과 노력으로 지금의 부를 얻었을까? 대체 무엇이 그들을 부자로 만들었을까? 이 책은 그 물음에 답하기 위해 쓰였다.

우리는 MMC연구소Money, Meaning & Choices Institute를 설립하여 부와 행복에 관한 여러 문제들을 다뤄왔다. 1999년 우리는 '졸부 신드롬Sudden Wealth Syndrome'이라는 신조어를 만들어냈다. 어느 날 갑자기 부자가 된 사람들이 직면하는 어려움과 기회를 일컫는 말이다. 이 말 덕분에 우리는 수많은 언론의 주목을 받았고, 세계 각지에서 인터뷰 요청이 쇄도했다. 그럴 만도 했다. 당시는 샌프란시스코 베이에어리어에서만 하루 64명의 백만장자가 탄생하는 시대였다. 미국 역사상 소위 가장 '자만'하던 시대였고 '비이성적으로 과열'된 시대였다.

우리가 주목받았던 이유는, 돈이 많으면 행복할 거라는 통념과 반대되는 이야기를 했기 때문이다. 돈이 생긴다고 해서 사람들이 갖고 있는 모든 문제가 해결되지는 않으며, 평생 행복하게 살 수 있는 것도 아니라는 것이 우리 생각이었다. 수백만 달러의 돈으로도 살 수 없는 것이 있지 않은가. 하지만 그럼에도 여전히 돈은 중요하다. 행복은 재산 순이 아니라지만, 많은 이들이 돈이 없다는 이유로 불행해지는 것 또한 현실이기 때문이다.

사실 부자들의 삶은 은행 계좌의 규모보다 훨씬 복잡하다. 일반적으로 사람은 많이 벌수록 더 많이 원한다. 그런데 더 많이 가질수록 그에 따른 기쁨은 줄어든다. 하버드 대학의 심리학 교수이자 《행복에 걸려 비틀거리다》의 저자인 대니얼 길버트Daniel Gilbert는 기본적인 욕구를 충족할 만큼 충분한 돈을 벌고 나면, 그다음부터는 돈이 더 많아진다고 해서 더 행복해지는 것은 아니라고 말한다. 이유는 간단하다. 우선 사람들은 물질적인 것으로부터 얻는 즐거움과 만족을 과대평가하는 경향이 있다. 그러면서도 더 갖기 위해 계속 쇼핑을 하고 자동차 대리점을 찾는다. 경제학자들은 이것을 '쾌락의 쳇바퀴'라는 역학으로 설명한다.

또 돈은 그 자체로 여러 문제를 만들기도 한다. 고 다이애나 왕세자비를 떠올려보라. 그녀는 유럽에서 가장 부유한 가문 중 하나로 꼽히는 영국 왕실의 왕자와 결혼하여 원하는 것은 다 가질 수 있었지만, 본인의 고백에 따르면 너무나도 비참한 삶을 살았다.

그런가 하면 이와 반대로 크게 눈에 띄는 재능이나 능력이 없는 것 같은데도 뭔가 특별한 자질을 갖춘 덕에 우리 모두가 바라는 대로 삶을 즐기며 사는 사람들도 있다. 그들이 남들과 다른 것은, 부자지능 Affluence Intelligence을 갖고 있다는 점이다. 우리는 이 책에서 그들이 어떻게 평화와 만족, 행복을 얻을 수 있었는지 '부자지능'에 초점을 맞춰 설명할 것이다.

우리는 부자지능이 있는 사람들과 시간을 보내며 한 가지 놀라운 사실을 발견했다. 우리도 그들과 비슷한 능력을 갖추고 있으며, 당신도 마음만 먹으면 얼마든지 그들처럼 될 수 있다는 것이다!

그러므로 우리는 다시, 사람들의 통념에 반대되는 말을 하려고 한다. 누구나 풍요하게 살 수 있다. 자신의 강점과 약점을 솔직히 받아들이고, 열린 마음으로 변화에 임하며, 이 책에 설명된 부자지능 전략을 기꺼이 따를 용기만 있으면 된다. 이 프로그램을 실천하면 더 많은 돈을 벌 수 있을 뿐 아니라, 어떻게 재정적인 성공이 순자산가치 이상으로 더 큰 것을 이루게 해주는지 알게 될 것이다.

우리는 은행과 금융기관을 포함한 많은 회사들이 도산했던 심각한 경제 불황기에 이 책을 썼다. 불황을 겪은 뒤 많은 사람들이 어떻게 삶을 다시 일굴 것인지 고민하며, 돈 문제로 골치를 썩이고 있다. 삶에서 돈은 무엇일까? 돈이 우리 삶에 미치는 영향은 어느 정도일까?

기회의 문은 위기 때 열리는 법이다. 지금 돈 문제로 골치가 아프다면, 그에 대해 제대로 고민하기에 지금만큼 좋은 때는 없다. 이 책을 읽으면 당신은 부자지능을 계발하기 위해 무엇을 해야 할지 알게 될 것이며, 당신이 부러워하는 풍족한 삶을 당신도 충분히 얻을 수 있다는 사실 또한 알게 될 것이다.

1장에서는 부자지능이 무엇이며 부자지능을 왜 높여야 하는지 사례를 들어 설명했다. 2장에서는 부유함, 사람, 생산성, 열정, 평화 등 인생의 다섯 가지 우선순위에 대해 설명했다. 내용을 읽은 뒤 자신의 우선순위가 무엇인지 테스트해볼 것이다. 이해를 돕기 위해 실제 우리가 만났던 많은 사람들의 경우를 사례로 들었다. 당신에게 해당하지 않는다는 생각이 들어도 각 장의 내용을 신중히 읽어보기 바란다. 3장에서는 부자지능을 키우는 데 꼭 필요한 행동방식과 태도를 배우고, 자신의 상태를 파악하는 테스트를 치르게 될 것이다. 4장에서는 재산 가치를 높이는 재정적 효율성의 역할에 관해 배우고 역시 자신의 상태를 테스트하게 될 것이다. 힘들 수도 있지만 당신의 삶을 바꿀 수 있다는 마음으로 임해주기 바란다.

여기까지 왔다면, 이제는 더 깊이 파고들어서 자신을 위한 진정한 변화를 만들기 시작할 것이다. 5장에서는 행복의 기준점을 낮추는 장애물들을 확인하고 이를 극복하는 법을 배운다. 그리고 6장에서는 자신의 총 부자지능지수Affluence Intelligence Quotient(AIQ)를 확인할 수 있다.

그런 다음에는 새롭게 세운 인생 계획을 행동으로 옮길 차례다. 7장에서는 부자지능 조절기의 눈금을 당신이 원하는 만큼 높이기 위한 실제적인 계획을 세울 것이다. 8장에서는 3개월 동안 단계별 실천 계획을 따름으로써 부자지능을 발휘해볼 것이다. 새로 익힌 기술과 사고방식이 당신의 삶을 어떻게 바꾸는지 확인해보자.

　부자가 되고 싶은가? 적성을 파악하기 위해 다중지능 등을 참조하듯이, 부자지능 프로그램으로 당신이 부유하고 풍요한 삶을 사는 데 필요한 역량과 기질을 파악할 수 있다. 나아가 어떤 강점을 부각하고 어떤 약점을 보완할지가 눈에 보이게 될 것이다. 물론 실천은 당신 몫이다. 우리는 다만 그 노력이 헛되지 않도록, 풍요한 삶으로 안내할 최적의 길을 당신 앞에 닦아놓겠다. 준비됐는가? 자, 출발이다.

1장

무엇이
당신을 부자로 만드는가?

Money, Meaning, and Choices

행복하고 성공한 사람들은 특별히 똑똑하고 유능한 걸까? 부유한 부모 밑에서 어릴 적부터 확고한 경제교육을 받으며 컸을까? 그럴지도 모른다. 그러나 '그래서 그들이 부자가 된 거야'라며 섣불리 일반화하지는 말자. 그들과 똑같이 똑똑하고 훌륭한 교육을 받았음에도 가난하거나 자기 삶에 만족하지 못하는 사람들이 훨씬 많기 때문이다. 풍족한 삶을 누리는 사람들은 그렇지 못한 이들은 모르는 다른 뭔가를 알고 있다.

데이비드는 샌프란시스코 베이에어리어에 있는 일류 회사의 건축가였다. 그는 아이비리그를 졸업했고 거액의 연봉을 받고 있었지만, 우리가 보기에 임원까지 올라갈 것 같지는 않았다. 물론 그 정도로도 만족스럽게 살 수는 있겠지만, 문제는 소비 패턴이었다. 그와 그의 아내 엘리는 자신들의 능력을 벗어나는 사치스러운 생활을 했다. 엘리는 금전적으로 늘 아버지의 도움을 받았고, 이제 아버지 역할을 남편이 해주기를 바라고 있었다. 데이비드 자신도 그렇게 하고 싶었다. 하지만 데이비드 혼자만의 수입으로는 감당하기 어려운 지경에 이르러, 급기야 빚을 지기 시작했다.

그는 부담감에 짓눌린 채 우리를 찾아왔다. 최근에 의사가 신경안정제를 처방해주었다고도 했다. "밤이면 제가 쫄딱 망하는 상상이 들어 잠을 잘 수 없어요." 데이비드는 걱정만 하는 것이 아니라 말 그대로 '표류'하고 있었다. 어떻게든 그는 일과 삶에서 새로운 방향을 찾아야 했다.

또 다른 고객인 하워드는 데이비드와 전혀 달랐다. 그는 대학을 중퇴하고 가전제품 가게를 하는 부친의 일을 도왔다. 서른 살이 되었을 때 하워드는 가게를 3곳으로 확장했고, 저가이지만 인기 있는 TV 광고 모델로 출연해 지역의 유명인사가 되었다. 그 뒤 10여 년에 걸쳐서 체인 사업을 성공적으로 운영해 높은 소득을 올렸다. 덕분에 그와 그의 가족은 안락한, 심지어 호화로운 생활을 누릴 수 있었다. 하워드가 우리를 찾아온 것은, 자신의 아이들을 경제적으로 지원해주고 싶지만 그 때문에 아이들이 잘못되거나 어른이 되어서도 자립심을 가지지 못할까 봐서였다.

이 두 사람의 조건은 크게 다르지 않았다. 둘 다 야심이 컸고, 열심히 일했다. 제도권 교육은 오히려 데이비드가 훨씬 잘 받은 편이었다.

또 두 사람 모두 보통 사람이라면 누구나 부러워할 만큼 많은 돈을 벌었다. 하지만 데이비드는 불행해 하며 힘겹게 사는 반면, 하워드는 만족하며 사는 것 같았다. 하워드가 '돈의 귀재'여서일까? 그건 결코 아니었다. 다만 그는 자신의 미래에 대한 확신이 있었고, 야망이 컸으며, 몇 차례 큰 위험을 기꺼이 감수한 결과 큰돈을 벌었다. 이와 반대로 데이비드는 좋은 대학과 직장에 들어가는 데는 성공했지만, "왠지 꽉 막힌 기분이 들고 사는 것이 즐겁지 않다"고 털어놓았다. 꽉 막힌 기분이 든다는 것은 자신이 하고 있는 일이 승진과 높은 급여를 보장받을 만한 일이 아니거나, 그에 대해 불안해하고 있다는 뜻이었다. 데이비드는 자신이 이룬 것들에 만족하지 못했고, 어느 순간 모든 것을 잃게 될까 봐 불안해했다.

하워드는 데이비드가 갖지 못한 무엇을 가졌던 것일까? 우리는 이 물음의 답이야말로 세상 모두에게 밝혀져야 할, 가치 있는 비밀이라는 생각이 들었다.

지난 10여 년간, 우리 MMC 연구소는 비즈니스와 심리학 분야의 최고 전문가들과 함께 자신의 삶을 변화시키고 싶어 하는 사람들을 도와왔다. 그 변화에는 물론 돈을 더 많이 버는 것도 포함된다.

연구소를 세우기 전, 우리는 심리학자로서 사회복지 분야나 기업에서 일했고 개인병원을 운영하기도 했다. 조안은 정신분열증과 조울증 환자를 돕는 프로그램에서 활동했고, 스티븐은 정신 장애가 심각한 사람들을 지원하는 공중보건부의 공동 책임자였다. 우리는 극에서 극까지 다양한 사람들을 만났다. 사회봉사 프로그램에서는 구직자들이나 먹고살기 위해 애쓰는 미혼모들, 또 배울 만큼 배우고 일도 열심히 하는데 빚에서 헤어나지 못하거나 충분히 벌지 못하는 사람들 그리고 수중에 땡전 한 푼 없는 약물중독자들을 도왔다. 그런가 하면 우리 고객 리스트에는 〈포춘〉지가 선정한 500대 기업의 CEO도 있었고, 막대한 유산 상속자도 있었으며, 돈 쓰는 것 말고는 할 일이 없는 백만장자도 있었다. 즉 우리는 미국에서 가장 부유한 사람들부터 가장 가난한 사람들까지 모두 겪어본 것이다.

그 경험을 바탕으로 우리는 풍요한 삶을 사는 사람들의 비결이 무엇인지 밝히기 위해 노력해왔다. 당신도 분명 대단할 것도 없어 보이는 사람이 최고의 자리에 올라 있는 것을 보고 어리둥절했던 때가 있을 것이다. 학력도 보잘것없고 일주일 내내 일에 매진하는 것도 아닌데 말이다. 하지만 그런 평범한 겉모습에도 불구하고, 그들은 분명 당신과 무언가가 다르다.

우리는 수많은 컨설팅과 토론 끝에 하워드가 (그리고 그와 같은 다른 부유한 사람들 역시) 갖고 있는 그 무언가를 '부자지능'이라고 부르기로 했다. 몇몇 사람들, 대개 천재도 아니고, 최고의 교육을 받지도 못했고, 때로는 매우 열심히 일하지도 않는 사람들이 풍요롭게 살 수 있을 만큼 돈을 벌고, 진실로 자기 삶에 만족하게 만드는 신비한 능력이다. 그리고 당신도 그 비결을 배울 수 있다. 바로 '부자지능' 프로그램을 통해서다.

부자지능 프로그램은 사람들이 경제적으로나 개인적으로 진정한 만족과 성취감을 얻을 수 있도록 돕는다. 삶을 재정비하고 개선할 기회를 갖고 싶다면, 당신이 중요하게 여기는 가치들과 더욱 밀접한 삶을 살고 싶다면 그리고 돈을 당신의 적이 아니라 협력자로 만들고 싶다면, 당신이 갖고 있는 부자지능을 발휘해야 한다.

부자지능 프로그램의 네 개 영역: 우선순위, 행동방식, 태도, 재정적 효율성

앞으로 우리가 중점적으로 파고들어갈 부자지능의 핵심 요소는 다음 네 가지다.

- 우선순위 : 재정적으로 어떤 선택을 하고 어떻게 살 것인지, 방향을 제시하고 에너지를 마련해준다.
- 행동방식 : 부자지능을 북돋는 행동이 있고, 방해하는 행동이 있다.
- 태도 : 의식적, 무의식적으로 돈과 삶에 대해 갖고 있는 신념과 마음가짐이다.
- 재정적 효율성 : 실제 재정적 능력financial competency과, 돈에 대한 감

정을 나타내는 재정적 편안함_{financial ease} 모두를 말한다.

우리는 이 네 개 영역에서 당신의 강점과 약점을 평가해볼 것이다. 각 각의 영역에서 평가된 내용은 지능지수처럼 수치화할 수 있는데, 우리 는 이 점수를 부자지능지수(AIQ)라 부른다. 이 지수는 당신의 현 상태 를 정확히 보여주고, 더욱 풍족해지는 능력을 키우는 데 필요한 정보를 제공한다.

풍족함에 관해, 우리 모두는 소위 '정상'이라 여겨지는 기준치를 갖 고 있다. 이 기준치는 당신이 진실이라고 믿는 것, 개인적인 성향, 현 재의 사회적 구성에 기반을 둔다. 이 규제 방식은 온도 조절장치를 연 상하면 된다. 집안 온도를 24도에 맞춰 놓았는데 바깥 온도가 떨어지 면 자동으로 히터가 켜져서 집안을 따뜻하게 해줄 것이다. 또 너무 더 울 때는 에어컨이 작동해서 식혀줄 것이다. 이와 마찬가지로, 당신이 생각하는 풍족함의 기준에 따라 당신이 실제로 누리는 풍족함의 수준 이 결정된다.

그렇다면 풍요하게 살기 위해 가급적 그 기준점을 높여야 하지 않겠 는가? 다행히 당신의 부자지능지수도 온도 조절장치처럼 다시 맞출 수 있다. 우리의 단계별 프로그램을 따르면 부자지능을 드러낼 수 있고, 어쩌면 생애 처음으로 당신의 능력을 온전히 발휘하며 살 수 있게 될 것이다. 불행했던 건축가 데이비드가 자기 삶을 찾은 것처럼 말이다.

자신에게 무엇이 중요한지
깨닫는 자가 부자가 된다

데이비드는 자기 삶에 대한 주도권을 되찾아야 했다. 그는 우선 부자지능 테스트로 자신의 우선순위, 행동방식, 태도, 재정적 효율성을 평가받았다. 데이비드는 돈에 대한 감정을 나타내는 '재정적 편안함' 부분에서 매우 낮은 점수를 받았다. 돈을 관리하는 기술적인 면은 전혀 어려워하지 않았지만 실제로 돈을 벌고, 절약하고, 쓰는 일에 대해서는 믿기지 않을 만큼 취약했다.

태도와 행동방식도 엇갈린 모습을 보였다. 그는 주도성과 자기주장이 약했고 대인관계 능력도 부족했다. 자기 삶을 스스로 통제하는 부분에서는 점수가 특히 낮았다. 하지만 나쁜 내용만 있는 것은 아니었다. 그는 야망이 크고, 회복력이 뛰어나며, 열린 마음을 갖고 있고, 호기심이 많은 사람이었다. 사람들에게 호감을 주는 친절하고 긍정적인 사람이었지만, 이런 성격이 삶을 풍요롭게 하는 데 도움이 된다는 생각은 하지 못한 듯했다.

검사를 하며 데이비드가 가장 놀란 것은 우선순위에 대한 평가였다. 신중히 생각한 끝에 그는 지금 자신에게 가장 중요한 것은 돈이 아니라는 사실을 깨달았다. 그는 즐거움과 마음의 평화를 얻을 수 있는 일 그리고 자신이 세상에서 쓸모 있는 존재라고 느끼게 해주는 일을 하고 싶어 했다. 하지만 흥청망청하는 생활방식 때문에 돈을 최우선으로 생각하며 살게 된 것이다. 테스트를 마친 데이비드는 자신의 부자 지능지수, 즉 부자지능에 영향을 미치는 장점과 약점을 분명히 알게 되었다.

첫 만남 후 며칠 뒤, 우리는 데이비드와 샌프란시스코의 한 호텔 스위트룸에서 이야기를 나누기로 했다. 고객을 일상적인 공간에서 벗어나게 함으로써 자유롭게 생각하고 느끼게 하는 일은 매우 중요하다. 데이비드는 정확히 약속시각에 나타났다. 그는 잘생긴 중년 남자였지만 얼굴은 걱정과 불만으로 지쳐 보였다. 명품 양복에 세련된 머리 스타일을 보면 부유해 보이긴 했으나 자신만의 품위를 덧입힐 능력이나 의욕은 부족해 보였다.

커다란 종이와 펜을 꺼내는 것으로 작업이 시작되었다. 우리 상담의 첫 번째 세션은 고객의 생각이 적힌 종이로 벽을 채우는 것이다. 그 글들에는 고객을 주저하게 만드는 약점뿐 아니라 그가 가진 장점과 식견이 드러나 있다. 자신이 갖는 의문에 스스로 답한 내용을 보게 하는 것은 상상 이상으로 효과가 크다.

데이비드에게 가장 필요한 일은 그의 우선순위를 삶에 반영시키는 것이었다. 그리고 궁극적으로는 맨 처음 그를 건축업으로 이끌었던 열정과 창의력을 다시 찾는 것이었다. 그는 의자에 편안히 앉아서, 한때 자신이 느꼈던 디자인에 대한 열정을 이야기하기 시작했다.

"학생 때 저는 예술과 미에 심취해 있었습니다. 선이 아름다운 건물을 보면 그 앞에서 몇 시간이고 앉아 있었죠. 시간이 날 때면 샌프란시스코 여기저기를 다니며 건물들의 디테일을 살폈어요. 그러노라면 건물을 지은 디자이너가 어떤 사람인지 느껴지기도 했죠. 완벽한 도리아식 기둥이 있는 은행을 지나면서 혼자 웃었던 적도 있어요. 보는 것만으로도 행복했으니까요."

그는 잠시 말을 멈추고 자세를 조금 바꾸었다. "그때 엘리와 사랑에 빠졌습니다. 아름답고, 재미있고, 자신감이 넘치던 여자였죠. 갑자기 저는 그녀를 얻는 일에 그리고 그녀는 물론 무척이나 부자였던 그녀의 아버지까지 부양할 능력이 있다는 것을 증명해 보이는 데 전력을 기울였습니다." 그는 다시 말을 멈추었다. "아마 그때부터 모든 게 바뀌기 시작한 것 같습니다."

원래 데이비드는 환경에 관심이 많아서 친환경적이면서 비싸지 않은 주택을 디자인하고 싶어 했다. 하지만 지금 그는 상업디자인을 하고 있었다. 유능하긴 했지만 열정은 없었다. 여러 고객과 일하며 우리가 알게 된 것 중 하나는, 풍족한 사람들은 거의 늘 자기 일에 확신을 갖고 있다는 것이다. 하워드는 자신이 최고의 제품과 세심한 고객 서비스를 제공하고 있다고 믿고 있었고, 실제로도 그랬다. 반대로 데이비드는 더 이상 자신의 일에 확신을 갖지 못했고, 그렇게 되자 (그는 인식하지도 못했지만) 자연히 업무의 질과 연봉에 큰 타격을 입었다.

데이비드는 불행했다. 자신이 추구하는 가치와 자기 능력을 삶에 반영하지 못했기 때문이었다. 원하는 것을 모두 살 만큼 부유하지도 않아서 늘 경제적 불안에 시달렸다. 하지만 현재 상태를 진단하는 것만으로는 충분하지 않았다. 데이비드는 부자지능 테스트를 받은 다음, 문제를 종합적으로 바라보았다. 그럼으로써 다른 사람들이 자신에게 바라는 일이나 모습 대신, 자신이 소중하게 생각하고 열정을 느끼는 것이 무엇인지 확인했다. 이 과정은 그가 왜 그토록 불행했는지 이해하는 데도 도움이 되었다.

데이비드가 말했다. "직장에서 하는 일을 바꾸거나 완전히 새로운 일에 뛰어들 용기를 찾아야겠군요."

우리는 데이비드에게 물었다. "당신은 대학 때 모험을 즐기던 학생이었습니다. 험한 등반 활동도 했고 학생회장도 맡았고 번지점프도 했죠. 그런데 지금은 당신이 원하는 것을 생각하기조차 힘들어하고 있어요. 당신의 부자지능은 낙관성과 주도의식, 자기표현력, 대인관계 능력 부분에서 낮은 점수가 나왔습니다. 이해가 되지 않아요. 젊은 시절 목표를 위해 밀고 나가던 당신의 능력을 생각해보세요. 그때와 지금 당신의 능력에는 왜 이렇게 큰 차이가 생겼을까요?"

데이비드는 고개를 숙이고 생각에 잠겼다. 얼마 뒤 그는 조용히 입을 열었다. "저도 제가 '하면 된다'는 주의였던 것으로 기억합니다. 하지만 아이들이 생기고부터 뭔가가 달라졌어요." 그는 조금씩 고개를 끄덕였다. "저는 아이들에게 필요한 것을 다 해주고, 탄탄한 직장을 갖고 어려움 없이 살게 해주는 것이야말로 좋은 아버지의 역할이라고 믿었습니다. 정말 그랬어요. 제 꿈을 좇는 것은 이기적인 것 같았고, 가장으로서의 위치를 위험하게 만드는 것이라고 생각했습니다."

우리가 물었다. "왜 자신은 함께 돌보지 않으셨나요? 당신이 중요하게 생각하는 것을 거부해야만 '좋은 가장'이 될 수 있었을까요?"

그 순간 데이비드의 눈에 눈물이 맺혔다. 우리는 그의 감정에 변화가 생겼음을 느꼈고, 방안은 깊은 침묵으로 빠져들었다. 드디어 데이비드가 말했다. "어머니는 지금 제 나이 때 돌아가셨습니다. 그때 저는 겨우 열한 살이었죠. 어머니가 돌아가시자 우리 가족은 각자의 생활로 흩어졌습니다. 아버지는 계속 일을 하셨고 물질적인 면에 부족함이 없도록 우리를 뒷받침해주셨지만, 정작 당신은 공허해 보였어요. 아버지는 아무 즐거움도 느끼지 못하고 사시는 것 같았습니다. 물론 언제나 자상하고 좋은 분이셨죠. 사람들은 아버지를 신뢰했고 편안해했습니다. 지금 생각해보면 아버지는 쇠사슬에 묶여 살았던 것 같아요. 저한테 이렇게 말씀하셨던 게 기억납니다. '아들아, 엄마가 그렇게 된 건 정말 슬픈 일이야. 하지만 그런 게 인생이란다. 우리는 빨리 털고 일어나서 각자 할 일을 해야 하는 거야.'"

계속해서 그가 말했다. "가족의 안정에 해가 될지도 모르는 일을 한다는 것은 상상할 수도 없었어요. 아이들이 생긴 뒤부터는 더욱 두려워졌습니다. 발을 앞으로 내딛으려 하지 않고, 위험한 일도 피하는 것이 안전한 길이라고 생각했죠. 그래서 뭔가를 잘 해보려 하지 않고 삶에서 저를 배제시켰던 것 같습니다. 제 아버지처럼 위험한 일은 되도록 피하면서, 아무 즐거움도 느끼지 못하고, 창의성도 없이, 그럭저럭 살아가는 데 필요한 일만 해왔던 거죠."

데이비드와의 상담에서 가장 중요한 순간이었다. 우리는 그가 다시 건강한 모험을 즐기고, 부자지능을 발휘하고, 오랫동안 닫고 지낸 삶의 문을 열 수 있도록 자극하는 데까지는 성공했다. 이제는 데이비드 자신이 좋아하는 일을 할 때였고, 건강과 열정, 의미가 있는 삶을 살기 위해 자신과 가족의 욕구에 신경 써야 할 때였다.

돈만 많은 부자를 넘어 인생이 풍요한 부자로

그는 상담 과정에서 배운 모든 것을 이용해 새로운 삶의 규칙을 세웠다. 우리는 이것을 가치 성명서Value Statement라고 부른다. 가치 성명서는 바로 이 순간, 당신의 삶에서 가장 중요한 것이 무엇인지 정확히 드러내는 역할을 한다.

데이비드는 다음과 같은 가치 성명서를 작성했다.

• 창의적인 일을 하면서 열정을 표출하는 것.
• 회사와 집에서 긍정적으로 생활하며 더 만족스럽고 행복하게 사는 것.
• 회사에서 주도적으로 일하는 것. 적절한 위험을 감수하며 직장의 안정성과 직업적 만족감 사이에서 균형을 이루는 것.

- 중요한 결정을 할 때 내 우선순위에 따름으로써 삶에 대한 주도권을 확고히 하는 것.
- 가족과 더 많은 시간을 보내고 나 자신에게도 신경 쓰며, 균형 잡힌 생활을 하는 것.
- 삶의 질이 보장될 수 있도록, 재정적으로 현명한 결정을 하는 것.
- 수입 이내에서 생활하며 마음의 안정감을 느끼는 것.
- 소비를 조절하기 위해, 꼭 필요한 것과 그저 원하는 것을 구분하는 것.
- 돈에 관한 안전지대를 마련해서 불안과 부담감을 줄이는 것.

자신이 무엇을 가치 있게 여기는지 깨닫고 변화의 의지가 생기자, 데이비드는 부자지능을 높이기 위해 계획을 세웠다. 일단 그는 현재의 삶과 지금 하고 있는 일 그리고 자신이 이루고 싶은 삶 사이의 거리를 좁히는 작업에 착수했다. 직장에서 데이비드는 유능하고 생산적인 사람이었지만, 이후 몇 개월 동안은 자신이 하던 일을 바꿔서 부자지능지수를 높이는 것이 주요 목표가 되었다.

또 다른 목표는 수입을 벗어난 소비 생활을 바꾸기 위해 아내와 함께 노력하는 것이다. 당신도 곧 알게 되겠지만, 우선순위는 다시 조정할 수 있다. 새로운 우선순위가 정해지면 그에 따라 새로운 목표를 세우면 된다. 데이비드는 우선순위를 다시 정했고, 그것들에 대해 확신을 갖고 주도성을 키우려고 열심히 노력했다.

이제 데이비드는 구체적인 행동 단계(더 큰 목표를 달성하기 위한 점진적 변화의 단계)로 들어갔다. 그리고 아내와 직장 동료들에게 할 말을 글로 적어서 연습했다. 자신이 다음 단계로 나아가야 하며, 그러려면 아내와 직장 동료들에게 자신이 새롭게 정한 우선순위를 알려야 한다고 생각했기 때문이다.

일주일 뒤, 데이비드는 회사 임원들과 면담을 했다. 그가 먼저 면담을 청한 것은 1년여 만에 처음 있는 일이었다. 이것만 봐도 그동안 데이비드가 얼마나 무기력했는지 알 수 있었다. 데이비드는 모여 앉은 세 명의 임원에게 이렇게 말했다.

"저는 이 회사에서 일하는 것이 정말 좋습니다. 하지만 좀 더 창의적인 일을 하고 싶습니다. 그래서 한 가지 제안을 드리고자 합니다. 앞으로 1년에 걸쳐서 제가 하던 일을 바꾸고 싶습니다. 정말로 하고 싶었던 프로젝트가 있고, 저에게는 매우 중요한 일입니다. 일단 6개월 동안은 제 근무시간의 25%를 환경친화적이고, 아름답고, 가격대도 적당한 단독주택을 디자인하는 데 쓰고 싶습니다. 제가 그 프로젝트를 통해 수익을 낼 수 있을지 1년 동안 지켜보시고, 만약 성공한다면 그때는 제 임원승진에 대해 고려해주시면 좋겠습니다."

세 사람은 아무 이견 없이 그의 제안에 동의했다. 그다음에는 아내 차례였다.

"나는 당신을 사랑해. 당신과 함께하는 삶도 사랑하고. 하지만 나는 내 뜻이 지금보다 더 적극적으로 반영된 삶을 살아야 한다고 생각해. 나는 내 관심사와 열정이 무시되지 않고 존중받으며 성공하기를 원해.

내가 얼마나 스트레스가 심하고 불행했는지 당신도 잘 알잖아. 하지만 지금은 어떻게 하면 나와 당신, 아이들이 다 같이 더 행복해질 수 있는지 계획이 세워졌어. 일단은 소비 패턴을 조금씩 바꾸는 것부터 시작하는 게 좋을 것 같아. 씀씀이를 줄이면 더 행복해질 수 있을 거야. 정상적인 가계 범위로 돌아올 수 있도록 같이 예산을 세워봤으면 좋겠어."

그가 걱정했던 것과 달리, 아내는 데이비드의 계획에 매우 협조적이었다. 그녀도 불행해 보이는 남편 때문에 걱정이 많았던 것이다. 아내는 데이비드에게, 물질적인 만족보다는 자신과 아이들 곁에 그가 더 많이 있어주는 것이 훨씬 좋다고 했다.

두 대화 모두 데이비드에게 쉽지는 않았지만 결과는 성공적이었다. 그는 이 대화를 위해 적극적으로 임하고, 자신의 바람과 생각을 분명히 전달하는 등 여러 가지 행동 기술들을 익혔다. 데이비드는 하고자 하는 말을 정확히 적어서, 편안하게 할 수 있을 때까지 연습했다. 또 상대방의 반응을 예측하고 그에 대한 대답을 준비했다. 그렇게 한번 자기 생각을 펼친 다음부터는 더욱 자신 있게 뜻을 표현할 수 있게 되었다. 대화가 편안해지자 그는 자신의 부자지능을 발현시키기 위한 다음 단계로 나아갔다.

우리는 데이비드에게 3개월짜리 부자지능 프로그램에 임하면서 주간별 행동 단계를 따르라고 조언했고, 매달 한 번씩 우리에게 점검을 받게 했다. (당신도 부자지능 계획을 같이 따르거나, 당신이 계획을 잘 실천하는지 감독해줄 동료나 친구가 있다면 그들에게 도움을 요청해보자. 이에 대해서는 7장에 자세히 설명돼 있다.) 그 뒤 몇 달 동안 데이비드는 계속해서 자신의 나쁜 습관을 깨닫고, 고쳐나갔다. 자기 생각을 분명히 밝히지 못하는 행동 같은 것들 말이다. 우리는 데이비드가 변화를 꾸준히지속할 수 있게 격려했다. 예를 들면 다음과 같은 식이다.

- 데이비드는 사무실에 늦게까지 남아 있던 습관을 버리고 자기 자신을 위해 그리고 자신이 중요하게 생각하는 인간관계를 위해 더 많은시간을 썼다. 그의 가치 성명서를 보면, 그는 자기 삶에 대한 주도권을 더 많이 갖고 싶어 했다. 또한 가족과 더 많은 시간을 보내고 자신에게도 신경 쓸 수 있는, 균형 잡힌 생활을 하고 싶은 것으로 나타났다.
- 그는 일주일에 세 번씩 운동을 하기 시작했다. 주말에 아이들과 하는 외출도 더 잦아졌고, 일주일에 한 번은 아내와 데이트를 했다. 곧 그는 신경안정제를 끊었고 불면증도 없어졌으며 전반적인 건강도 좋아졌다.

돈은 데이비드가 중요하게 생각하는 목표가 아니었지만, 그의 '개인적인 주가'도 급속히 상승했다. 부자지능지수가 높아짐에 따라 경제적능력이 향상되는 현상은 대부분의 사람들에게서 나타난다. 이는 단순히 돈을 더 많이 버는 것만을 의미하지 않는다. 전체적인 부자지능이 향상되면서, 자신의 재정 상황과 자신이 택한 생활방식에 책임감을 가짐과 동시에 편안함을 느끼는 것을 뜻한다. 데이비드에게 이것은 열정을 쏟을 수 있는 프로젝트에 집중하는 것이었다. 업무의 질을 괜찮은 정도에서 최고의 수준으로 끌어올리려면 열정이 있어야 한다. 그는 깨끗하고 친환경적인 조립식 주택을 디자인해서 자신만의 브랜드를 론칭했다. 그 브랜드가 큰 인기를 끌자 그는 예전보다 훨씬 더 많은 돈을 벌게 되었다. 일하는 시간은 줄었지만, 일단 일을 시작하면 몰입하는 시간은 더 늘어났다. 말할 필요도 없이, 데이비드는 석 달도 안 돼서 자신이 늘 바라왔던 풍족한 삶을 살게 되었고, 무척 행복해졌다.

　데이비드의 경우처럼, 돈이 아니라 자기가 좋아하는 일에 집중했을 때 경제적 만족은 비로소 풍요한 삶으로 연결된다. 이를테면 경제적 만족은 부자지능을 100% 발휘했을 때 따라오는 상품 같은 것이다.

부자지능을 키워줄 3개월 프로젝트

　우리는 최근 끔찍한 경기침체에 빠졌다 벗어나기를 반복하고 있다. 많은 사람들이 쪼들린다고 느끼며 산다. 정리해고의 위협, 압류에 대한 두려움, 대출 상환 압박은 우리를 쉽사리 놔주지 않는다. 이런 시대에는 그저 돈만 많으면 모든 문제가 해결될 것처럼 보인다. 그래서 연봉이 더 높은 직장을 찾거나, 초과근무를 자청하면서 쫓겨나지 않으려 아등바등하거나, 한 푼이라도 더 아끼려고 노력한다. 재무 컨설턴트들은 투자 방식을 조언하고, 직장을 바꿀 것을 권하고, 씀씀이를 조절하라고 말해왔다. 하지만 이런 식으로 얼마나 버틸 수 있을까? 이제는 새로운 방법으로 재정 문제에 접근해야 한다. 주식시장 같은 외적 요인보다는 가치관 등 내적 요인이 재정에 더 큰 영향을 미칠 수 있다는 사실을 인식해야 한다.

오랜 시간 동안 많은 사람들과 만나본 결과, 우리는 누구에게나 부자지능이 있다는 것을 확신하게 되었다. 대부분 내면에 잠들어 있어서 활용하지 못할 뿐이다. 우리가 할 일은 데이비드 같은 고객들이 자신의 부자지능을 발견하고 끌어내도록 돕는 것이다.

사람들은 늘 돈이 더 많으면 상황이 좋아질 거라고 생각한다. 정말 그럴까? 풍요한 삶을 사는 데는 돈이 전부가 아니다. 삶은 그렇게 단순하지 않다. 부자지능이 없는 사람들에게 돈은 문제를 해결해주는 동시에 그만큼 많은 문제를 일으킬 수 있다. 돈에 대한 우리의 감정이나 믿음은 그 뿌리가 매우 깊어서, 우리 자신도 미처 인식하거나 이해하지 못하는 방식으로 행동하게 만들 수 있다.

부유하게 살기 위해 필요한 조건은 수없이 많겠지만, 그중에서도 중요한 요소들이 있다. 우리가 꼽은 '풍요함의 일곱 가지 요소'는 다음과 같다.

- 필요와 욕구를 충족할 수 있을 만큼의 '돈' : 자신이 필요로 하는 돈의 규모를 파악할 때는 자신의 욕구가 적절한지 아닌지 판단하려 들지 말고 거기에 드는 비용을 파악하는 데 중점을 두어야 한다.
- 기꺼이 몰입할 수 있는 '일' : 연봉이 얼마든, 풍족한 삶은 자기가 진정으로 좋아하는 일을 할 때 얻어진다.
- 즐거움을 주는 '인간관계' : 얼마나 아는 사람이 많은지는 중요하지 않다. 가족이든 친구든 동료든, 관계가 원만하고 그 덕분에 진정한 위안과 만족을 주는 사람들이 주위에 있는가?
- 심신의 '안정' : 마음이 평화로워야 불필요한 걱정과 후회에 휩싸이지 않는다. 아울러 풍족하게 산다는 것은 안전한 주거환경 등 물리적인 보호 장치를 마련할 능력이 된다는 뜻이기도 하다.
- 사회적 '영향력' : 부자지능이 있는 사람들은 사회적으로 힘이 있고, 그를 통해 필요한 것과 원하는 것을 얻는다. 실제로 힘을 행사하든 안 하든 상관없이, 그들은 자신에게 영향력이 있다는 사실만으로 기쁨과 안정감을 느낀다.
- 삶의 '의미와 목적' : 금전적으로는 풍요롭지만, 하루를 마칠 때마다 인생에서 중요한 무언가가 빠진 것 같고 돈은 아무것도 아니라는 생각이 든다면 풍족한 삶을 사는 것이 아니다. 부자지능이 있다

는 것은 자신에게 중요한 것이 무엇인지 알고, 자기가 생각하는 핵심 가치에 따라 살며, 의미와 목적을 갖고 있다는 것을 뜻한다. 당신에게 삶의 의미를 준다고 생각하는 활동이나 사람, 단체에 각각 얼마만큼의 시간을 쏟고 있는지 보면, 당신이 무엇을 가치 있게 여기는지 알 수 있다.

• 몸과 마음의 '건강' : 이는 부자지능에서 가장 본질적인 요소다. 심신에 나타난 증상 때문에 지장 받는 일 없이 일상생활을 누릴 수 있어야 한다.

만족스럽고 행복하게 살려면 이 일곱 가지 요소들을 아는 것만으로는 부족하다. 풍족한 삶에 도달하는 여정은 몇 달, 몇 년 혹은 평생이 걸릴 수도 있다. 그러나 올바른 지침을 따른다면 자신을 파괴하던 습관들을 단 석 달 만에도 극복할 수 있다. 그래서 우리는 당신의 기대보다 더 빨리 당신의 삶을 개선할 수 있도록 단계별 계획을 세웠다.

우리는 당신이 열린 마음으로 이 책을 읽으면서 우리가 진행하는 과정을 잘 따라와 주길 바란다. 당신에게는 변화가 필요하지만, 변화는 결코 쉬운 일이 아니다. 그러나 당신이 가진 부자지능을 발휘한다면 당신의 인생에서 가장 크고 바람직한 변화가 일어나, 당신은 물론 당신이 사랑하는 사람들도 더욱 행복해질 수 있다. 당신은 잃을 것이 없다. 얻는 것만 있을 뿐이다. 그럼 시작해보자.

2장

당신 삶을 이끄는
우선순위는?

The Five Lifestyle Priorities

부자지능을 발휘하는 사람들과 그렇지 못한 사람들의 가장 큰 차이점은 무엇일까? 전자는 자신의 '우선순위'에 따라 산다는 것이다. 그들은 부모나 배우자, 아이들, 혹은 사회가 그들에게 바라는 것을 좇는 대신 자신이 진심으로 하고 싶은 일을 한다. 그들은 자기가 선택한 삶에 전적으로 책임지되, 죄책감이나 다른 사람의 기대, 과거의 경험에 과도하게 짓눌리지 않는다.

예를 들어보자. 어떤 목공예가가 자신의 기술에 충분히 만족하고 있으며 사랑하는 사람들과 함께 지내는 것을 좋아한다면, 돈을 많이 못 번다 해도 별문제가 되지 않는다. 부유함은 그가 꼽는 최고의 우선순위가 아니기 때문이다. 반면 사업에서 성공하고 싶어 하는 젊은 여성이라면, 부를 절대적으로 갈망할 것이다. 그래서 다른 일, 예컨대 친구들과 보내는 시간 같은 것들은 기꺼이 희생한다.

부자지능지수는 삶의 우선순위, 행동방식, 태도, 재정적 효율성의 조합과, 당신이 풍요함의 일곱 요소를 갖추는 데 이 네 가지가 영향을 미치는 방식에 따라 산출된다. 당신의 부자지능지수는 얼마나 될까? 책장을 넘길수록, 풍족한 삶에 대한 당신의 진짜 생각이 조금씩 밝혀질 것이다. 그리고 현재 당신이 가장 중요하게 생각하는 것과 앞으로 바꾸고 싶은 것, 또 부자지능을 발휘하는 데 도움이 되는 행동과 태도도 알 수 있다. 그뿐 아니라 전에는 알지 못했던(혹은 그럴 거라 생각만 했던) 자신의 참모습에 대해서도 알게 될 것이다.

이 장에서는 먼저 '우선순위'에 대해 알아보자. 당신이 어떤 행동이나 선택을 할 때, 그렇게 하는 이유가 무엇인가? 크게 다섯 가지로 나눌 수 있다.

우선순위 1. 부유함: 필요와 욕구를 채울 만큼 충분한 돈을 버는 것

부유하다는 것은 금전적으로 만족스러운 상태를 뜻한다. 즉 자아를 실현하고, 자신이 중시하는 가치를 좇을 수 있을 만큼 금전적으로 넉넉한 수준에 도달하는 것이다.

당신은 아무리 노력해도 자신에게 돌아오는 보상에는 한계가 있다고 생각하는가? 부자지능을 가진 사람들은 그렇게 생각하지 않는다. 그들은 자신이 부유해지는 데 필요한 모든 것이 세상에 있다고 믿으며, 벌 수 있는 돈도 많다고 생각한다. 그리고 실제 행동에 옮겨 결실을 거둔다.

사람은 누구나 많은 돈을 갖고 싶어 한다. 하지만 부자지능이 있는 사람들은 돈을 벌어서 은행에 고스란히 맡겨두지만은 않는다. 그들의 목표는 돈 자체가 아니라 즐거움과 목적 있는 삶을 살 만큼의 '여유'를 마련하는 것이다. 그들의 목적은 회사를 경영하는 것이 될 수도 있고, 비영리재단을 운영하거나 여행을 떠나는 것, 스노보드를 타는 것이 될 수도 있다. 또한 그들은 부를 만드는 것을 즐기지만 '내게 필요한 돈이 얼마일까' 하는 계산에만 치중하지 않는다. 100만 달러를 벌고 싶다고 앞뒤 없이 바라지 않고 대신 이렇게 생각한다. '어떻게 하면 내가 잘하고 좋아하는 일을 하면서 돈을 벌 수 있을까?'

부자지능을 가진 사람들의 최대 강점은 바로 이것이다, 돈을 버는 과정에서 자신을 잃지 않는 것. 흔히 생각하기를 부자들은 재물에 영혼을 팔기라도 할 것 같지만, 진정한 부유함은 자존감과 돈을 함께 추구한 데서 나온다. 부유한 사람들의 삶을 들여다보면, 많은 경우 자신이 좋아하는 것과 돈 버는 일을 일치시켰다는 것을 알 수 있다. 물론 그중에는 자기가 하는 일을 별로 좋아하지 않는 경우도 있다. 하지만 그런 경우라도 그들은 사업을 성공시키거나 자신이 선택한 분야에서 최고가 되는 등, 개인적으로 정해 놓은 목표를 성취하는 데서 즐거움을 찾는다. 그들에게는 원하는 미래가 있으며, 바라는 대로 될 거라는 강한 확신도 있다. 그들은 자신에게 필요하다면 아무리 힘든 일이라도 기꺼이 한다.

가전제품 가게를 운영하던 하워드는 지역사회에서 중추적 역할을 하는 데서 기쁨을 찾았다. 또 자신이 지역 주민들을 배려하는 진실한 기업가이며, 신뢰할 수 있는 사람으로 인식되는 것을 좋아했다.

그가 그만한 부를 이룰 수 있었던 것은 MBA를 이수한 수재이거나 사업의 귀재여서가 아니다. 그런 외적인 조건 대신 그는 자신의 개인적인 지략을 잘 활용했다. 시절이 좋든 나쁘든 크게 개의치 않고, 하워드는 언제나 최고의 자신이 되고자 늘 노력했다. 그는 자신이 사람들과 잘 어울리며, 다른 사람을 기분 좋게 한다는 것을 잘 알고 있었다. 물론 하워드에게 가장 중요한 우선순위는 부유해지는 것이었고, 그러기 위해 그는 일터에서 많은 시간을 보냈다. 하지만 그보다 더 많은 시간을 로터리 클럽이나 교회에서 보냈고, 지역 내 고등학교에서 강의했으며, 어린이 야구단 코치를 맡기도 했다. 최고의 자리에 있는 하워드의 모습은 많은 사람들에 둘러싸인 빌 클린턴 같았다. 하워드는 사업이 잘되든 기울든 상관없이, 한 주 한 주를 깊이 만족하고 자신의 가치를 확인하며 보냈다.

"제가 하는 일은 전자제품을 파는 것이 아닙니다. 가정에 필요한 부분을 채워줌으로써 사람들을 행복하고 만족하게 해주는 것이지요. 만족을 느끼고 행복해하는 고객이 늘어날수록 제 사업은 더 번창할 겁니다."

하워드의 말이다. 기업가가 하워드의 회사를 평가한다면, 하워드가 고객 서비스 모델을 충실히 따르고 있다고 말할지도 모른다. 하지만 그가 충실했던 것은 경영이론이 아니라 자신의 성격이다. 자신의 타고난 능력을 활용하면 할수록 그는 더 부자가 되었고 더욱 행복해졌다.

부자지능을 발휘하는 사람들은 자기가 속한 시장만이 아니라 규모가 더 큰 시장의 원리도 예리하게 감지한다. 돈을 버는 과정에는 사회·경제적으로 여러 요인들이 작용하는데, 부자지능을 가진 사람들은 그것을 잘 이해하고 자신에게 유리하게 활용할 줄 안다. 그들은 기본적으로 자신에게 필요한 자원은 세상에 다 있다고 생각한다. 그래서 지금 자신에게 부족한 자원이 있다면 다른 영역에 눈을 돌리고, 다른 분야와 교류하며 성공에 이르는 방법을 강구한다.

예컨대 우리가 아는 한 무용 강사는 기업의 중역들이 회의에 들어가기 전에 편안함을 느끼고 집중하는 데 도움이 되도록 정신과 몸을 편안하게 풀어주는 DVD를 만들었다. 이 DVD는 기업의 중간관리자들에게 큰 히트를 쳤다. 전문 무용인들이 있는 무용 연습실이나 공연 무대와는 전혀 동떨어진 분야에서 말이다. 이처럼 부자지능을 발휘하면 당신의 현재 영역 안에서도 얼마든지 부유해질 수 있고, 새로운 관계나 방법을 통해 그렇게 될 수도 있다.

부유함을 우선순위로 정한 사람들은 돈을 쓰고, 절약하고, 나눌 때 재정 전략을 세운다. 그들은 장기적인 시각을 유지하며, 그때그때 발생하는 자잘한 일들 때문에 곤란해지는 일이 없도록 꾸준히 계획을 세워 실천한다.

　마흔두 살의 시스템 엔지니어인 실비아는 자기가 하던 일을 그만두고 IT 사업을 시작했다. 그녀는 매우 야심차고, 상세하고, 치밀하게 사업 계획서를 작성했다. 그리고 자신과 팀원들의 개인적, 금전적 목표가 반영된 성공의 기준점을 정했다. 시작 단계에는 끝도 없이 많은 시간을 투자해야 했기 때문에, 실비아는 자신이 세운 계획이 팀원들에게 어떤 이익이 될지 정확히 알리고 싶었다. 팀원들은 모두 실패 위험이 있음을 이해했고, 성실한 태도와 높은 성과가 없으면 안 된다는 사실을 받아들였다. 실비아는 개인 돈이나 가족 재산을 축내지 않고 사업 자금을 마련하기 위해 열심히 노력했다. 또 회사가 재정적으로 충분히 안정돼서 팀원 모두에게 그 혜택이 돌아갈 때까지 자신은 거의 월급을 가져가지 않았다. 그녀는 이런 철저함과 분명한 목표, 공동의 노력 덕분에 결국 성공할 수 있었다.

　흔히 부유함을 1순위로 꼽는다고 하면 스크루지처럼 피도 눈물도 없이 무조건 돈을 벌고 모으기만 하는 인물을 떠올린다. 그러나 오해다. 우리 고객 중 상당수는 자기가 번 돈과 시간을 사회에 많이 돌려줄수록 부의 질이 높아진다는 것을 알고 있었다. 가장 좋은 예가 바로

빌 게이츠다. 그보다 작은 규모로는 소셜벤처파트너스Social Venture Partners
가 있다. 이 그룹은 벤처 산업의 주역들이 시애틀에서 처음 시작한 자
선단체로, 다수의 NGO와 결연관계를 맺고 이 기구들이 재정적인 안
정을 유지하도록 도우며 사업에 필요한 기술과 자금을 지원하고 있다.
SVP 소속 회원들은 연간 6,000달러를 기부한다. 그들의 수입에 비하
면 적은 액수다. 그러나 이들은 그 이상의 시간을 들여 자신이 사업하
며 얻은 노하우를 NGO에 전수한다. 아예 기구에서 상근하는 경우도
있다. 다른 이들이 부유해지도록 도우면서 자신이 더욱 풍족해짐을 느
낀다. 그들은 여전히 부유함을 높은 우선순위로 꼽고 있지만, 그 초점
을 자신에게서 타인으로 바꾸었다.

이와 대조적으로, 부자지능이 없는 사람은 세상이 부족한 것투성이
이며, 충분한 것은 절대 없고, 돈 쓸데만 많다고 생각한다. (이런 가치
관은 대개 어린 시절의 경험에 기인한다. 이에 관해서는 4장에서 자세히 알아
보자.) 이들에게는 시간도 돈과 마찬가지로 제로섬게임일 뿐이다. 그
래서 이런 식으로 생각한다. '그녀가 스페인어 수업을 듣는 동안은 내
게 쏟을 시간이 없을 거야.'

부자지능이 없는 사람들의 가장 큰 착각은 자신에게 반드시 필요한
것과 단순히 원하는 것을 혼동하는 것이다. 그들은 뭔가 원하는 것이
있으면 꼭 필요한 것이라고 멋대로 생각하고는 신용카드부터 꺼내 든
다. 카드를 '지르면서' 자신에게 그럴 만한 힘이 있다고 느끼고 기뻐

한다. 하지만 이런 기분이 오래가겠는가? 이내 잘못된 지출 때문에 후회하고, 정작 꼭 필요한 것을 갖지 못하게 된다. 돈 문제와 관련해 불안과 우울증이 전염병 수준으로 번지고 있는데, 우리는 그 두 문제가 서로 연관돼 있다고 확신한다.

무모하게 돈을 쓰는 고객들을 보면, 우리는 찬물을 한 바가지 뒤집어씌운 다음 이렇게 말하고 싶다. "여기 앉아서 자기 삶을 한번 들여다보세요. 뭣 때문에 그렇게 허기져하고 불만스러워하는 거죠? 있지도 않은 돈을 써서 걱정을 자초하는 이유가 뭐예요?" 우리는 그들이 평소 생각하던 방식에서 한 걸음 물러나 완전히 새로운 눈으로 자신의 삶을 바라보았으면 좋겠다. 부자지능을 발휘했을 때 볼 수 있는 방식으로 말이다.

마틴은 대학생 때 라스베이거스 카지노에서부터 부를 좇기 시작했다. 그는 빈털터리였고 집세를 내는 것에도 허덕였지만, 카지노의 원리를 파악해 금방 이기는 방법을 알아낼 정도로 수학의 귀재였다. 그는 수백만 달러를 벌 욕심은 없었다. 부자지능이 있는 다른 많은 사람들처럼, 그는 자기가 원하는 일들을 할 수 있는 돈이면 충분하다고 생각했다. 즉 빚 없이 학교를 마치고, 자기 사업을 시작할 만한 돈 이상을 욕심내지 않았다. 말이 쉽지, 카지노에서 그런 자제력을 발휘한다는 것은 보통 일이 아니다. 그는 카지노에서 번 돈으로 대학 학비를 냈고, 새 사업에 필요한 자금도 마련해 투자 회사에 맡겨 놓았다.

마틴은 아이디어를 떠올리고 배우는 것, 이기는 것을 좋아했으며 무엇보다도 숫자를 좋아했다. 그는 숫자에 대한 사랑을 자기 삶에 충분히 활용했다. 또 사업을 키울 수 있는 것이면 무엇이든 배우고, 개발하고, 만들어냈다. 그는 자기 일에 푹 빠져서 밤낮은 물론 주말에도 일을 했고, 결국 크게 성공했다.

마틴이 돈을 많이 벌고 싶어 했기 때문에 성공했을까? 그렇지 않다. 그는 돈보다는 투자 전략에 활용할 수 있는 완벽한 알고리즘을 찾고 싶어 했다. 그렇다면 순전히 끈기 때문에 성공했을까? 그럴 수도 있다. 그는 우리에게 이렇게 말했다. "성공하려면 벽도 기꺼이 뚫어야 합니다." 초점을 분명히 하고 확고한 태도로 노력한 그를 가로막는 것은 아무것도 없었다. 그뿐 아니라 마틴은 좋은 의견과 아이디어를 나눠줄 최고의 자문단을 구성해, 진심으로 그들의 조언에 귀를 기울이고 진지하게 따져본 다음 하루를 마칠 때 스스로 결정을 내렸다.

나이 들어 우리를 찾아온 마틴은 그동안 자신이 모은 재산과 돈을 둘러싼 가족의 입장 차이에 관해 이야기했다. 마틴의 우선순위는 부였지만 장성한 그의 자녀들은 그렇지 않았다. 그들은 마틴이 지금껏 했던 것보다 더 많은 돈을 들여서 세상에 좋은 일을 하기를 바랐다. 자녀들은 이렇게 말했다고 했다. "돈을 갖고만 있으면 뭐합니까? 아버지의 돈으로 많은 사람들의 삶을 긍정적으로 변화시킬 수 있어요." 계속 일하면서 더 많은 돈을 벌고 싶어 하는 마틴에게 자녀들은 이렇게 물었다. "얼마나 있어야 충분하다고 생각하세요? 아버지는 하루도 더 일할 필요가 없을 만큼 이미 많이 가지셨어요. 원금은 놔두고 이자만으로도 충분히 살 수 있는데 왜 돈을 더 벌고 싶어 하세요?" 자녀들은 마틴이 더 많은 부를 축적하는 대신 사회에 환원하는 데 관심을 두길 바랐다. 마틴도 자녀들의 뜻을 이해하긴 했지만 일을 그만둔다는 것은 생각할 수도 없는 일이었다. 그는 재산이 늘어나는 것이 좋았다. 무엇보다도 돈 벌 기회를 잡는 것이 좋았다. 그것은 살면서 그가 누렸던 커다란 즐거움 가운데 하나였다. 마틴에게는 일단 부를 쌓는 것이 우선이었고, 사회에 환원하는 것은 나중 문제였다.

물론 그의 삶에는 다른 우선순위 요소들도 포함돼 있다. 그러나 그가 이처럼 풍족한 삶을 꾸릴 수 있었던 것은 자신이 추구하는 우선순위가 부유함이라는 것을 정확히 알고, 열정을 다해 그것을 추구하며 살았기 때문이다.

마틴과 하워드처럼 부자지능을 발휘하는 사람들에게는 또 다른 중요한 공통점이 있다. 항상 자신의 수입 범위 내에서 생활한다는 것이다. 그 좋은 예가 바로 워런 버핏이다. 그는 재산이 370억 달러에 달하지만 여전히 50여 년 전에 구입한 교외의 집에서 살고 있다.

물론 재산이 늘수록 사치스러운 생활을 하는 사람들도 있다. 하지만 그렇더라도 '황금알을 낳는 거위를 죽일 수도 있는' 위험은 감수하지 않는다. 다른 사람들에게 그들은 아주 풍족하게 살고 있는 것처럼 보일지 모르나, 사실 그들이 쓰는 규모는 전 재산의 몇 퍼센트에 지나지 않는다. 부유함이 우선순위일 때, 부자지능을 가진 사람들은 사업을 키우기 위해 돈을 투자하기도 하지만(자기 돈이나 남의 돈까지 투자하는 큰 위험을 감수할 때도 많다), 빚만큼은 매우 신중하게 관리한다. 그렇다. 그들은 자신들이 즐기는 일을 하되, 위험수위를 넘지는 않는다. 우리 고객의 말을 인용하자면, "자본금을 마련하기는 무척 힘들지만 잃는 것은 너무나도 쉽다"는 것을 잘 안다. 무일푼에서 성공한 사람들은 다시 무일푼이 될 수 있는 위험은 감수하지 않는다.

안타깝게도 우리 사회에는 많은 재산을 가졌으면서도 분에 넘치는 생활을 해서 신세를 망치는 사람들이 너무나 많다. 인터넷이나 잡지, 뉴스 기사를 보면 프로 운동선수나, 유명 연예인, 복권 당첨자 등 거액의 재산이 있음에도 엄청난 소비 때문에 망한 사람들 이야기가 종종 등장한다. 재산이 아무리 많더라도 절제하지 못하면, 보통 사람들과 마찬가지로 빚을 지고 망할 수밖에 없다.

우선순위 2. 사람:
중요한 사회적 관계를 맺고 유지하는 것

당신의 우선순위가 사람이라면, 당신은 인간관계를 맺고 발전시키는 것을 진심으로 좋아할 것이다. 사람은 사람에게서 자양분을 얻고 때로는 젊음을 되찾기도 한다. 다른 사람들과의 만남은 당신의 행동에 많은 영향을 미친다. 이런 경향은 주로 남성보다는 여성들에게 많이 나타난다. 예컨대 몰리는 이렇게 말했다. "그 애는 제게 둘도 없는 친구예요. 그 친구 없이 사는 건 상상할 수도 없어요. 저는 그 친구한테만큼은 모든 걸 다 털어놔요. 놀랍거나 슬픈 일이 있을 때, 또 사는 것이 힘들 때도 맨 먼저 그 친구에게 달려가죠. 저한테 이 우정은 값을 매길 수 없을 만큼 소중해요!" 몰리는 가까운 사람들과 긴밀한 관계를 맺음으로써 성취감과 만족감을 느낀다.

관계를 중시하다 보니 때로는 희생양이 되는 부작용도 없지는 않다. 자녀 양육 때문에 직업을 포기한 여성들(혹은 주부 역할을 하는 남성들)은 때때로 우울해한다. 자신이 가계경제에 보탬이 되지 못한다고 생각하기 때문이다. 하지만 이런 생각은 가족에게 투자한 '땀의 가치'를 고려하지 않은 것이다. 가사노동을 통해서도 얼마든지 자존감을 높이고 만족감을 얻을 수 있다. 많은 사람들이 집과 가족을 돌보면서 삶의 의미를 찾고, 그 과정에서 풍요로움과 성취감을 느낀다.

비단 가정에서뿐일까? 직장에서도 사람을 통해 풍요함을 얻을 수 있다. 어느 날 론이 찾아와 이렇게 말했다. "부자가 되는 법을 가르쳐주십시오." 그는 그 자신이 '빈민가'라고 말할 만큼 쇠퇴한 공업지대 출신으로, 가족 중 유일하게 고향에서 탈출한 사람이었다. 그는 공학 분야의 학위를 따고 기술 회사에 취직했다. 빈털터리로 시작했지만 회사를 공동 창업해서, 불과 서른여덟 살에 수십억 달러의 재산을 소유하게 되었다.

론이 이처럼 성공한 것은 성공의 공식을 잘 알고 있었기 때문이다. 그는 열심히 일하는 것뿐 아니라 업무상 좋은 사람들을 만나는 것도 매우 중요함을 알고 있었다. 그는 자신이 지닌 자원을 잘 활용해야 성공 기회가 넓어지며, 그 가운데 가장 중요한 것이 바로 인적 자원임을 꿰뚫고 있었다. 론은 매우 분석적이고 전략적으로 생각하는 사람이었다. 목표가 정해지면, 그 목표를 함께 성취할 사람들을 찾았다. 그리고 사람들에게 언제나 긍정적으로 대했다. 그는 사람들을 좋아했고 그들이 하는 말을 신뢰했다. 사람들이 자신을 실망시켰을 때는, 그래도 의도는 좋았을 거라고 생각하면서 일단 상황을 바로 잡기 위해 노력했다. 그럼에도 실망하는 일이 거듭되면 깨끗이 정리해버렸다. 그는 이렇게 말했다.

"저는 제 주변을 최고의 사람들로 채워야 한다는 것을 알았습니다. 그래서 지금껏 그렇게 해왔지요. 저는 열심히 일했고, 생각보다 훨씬 많은 돈을 벌었습니다. 지금은 회사를 매각했지만 계속 재산 규모를 키우고 싶습니다. 그 일을 함께할 팀 그리고 제 프로젝트는 무엇이든 도와줄 최고의 팀을 짜고 싶습니다."

그의 모토는 '1+1=4'였다. 삶에서든 사업에서든, 혼자보다는 여럿이 좋다고 믿었다. 그는 옆집 할머니부터 회사 상사까지, 모든 이들과 좋은 관계를 맺기 위해 노력했고, 기꺼이 다른 사람들끼리도 연결시켜주었다.

우리를 찾아온 다른 부유한 고객들과 마찬가지로, 론은 좀 더 균형 잡힌 삶을 살고 싶어 했다. 그는 '행복해지는 것 그리고 가족을 갖는 것'이 목표라고 했다. 사람을 대하는 솜씨를 볼 때, 우리는 그가 머지않아 그렇게 될 것이라 확신했다. 일이나 사교적 만남을 조금 줄여보라는 우리의 조언을 따른 지 얼마 안 돼서, 론은 멋진 여성을 만나 결혼했다. 그리고 지금은 두 아이의 아버지가 되었다.

하워드 같은 이들은 사람들과 어울리고, 인맥을 형성하고, 적임자를 모으고, 조언해줄 사람을 찾아 함께 일하고, 힘 있는 사람과 친구가 되고, 고객들로 하여금 가치 있는 존재로 느끼게 하는 데 타고난 능력이 있다. 진심으로 타인의 진가를 인정하고 그들을 즐겁게 만드는 대인관계 기술은 직장에서 성공하고 재산을 늘리는 데 큰 도움이 된다. 또한 개인적인 성취감과 자신감을 얻을 수 있다. 당신은 뭔가를 이루었거나, 이루기 위해 마음의 문을 연 것이다. 이처럼 자신이 본래 가진 능력을 사용하면 자연스럽게 몰입하게 될 뿐 아니라 의미 있는 일을 하고 있다는 만족감을 느낄 수 있다.

부자지능이 있으면 사람들과의 관계에서 부를 얻을 수 있다. 당신이 본질적으로 추구하는 가치가 반영되고 핵심 역량을 발휘할 수 있는 길이라면 말이다.

타인과 시간을 보내는 것에 대해 남성과 여성은 각기 다른 반응을 보인다. (성별에 대한 고정관념을 심어주려는 것이 아니라, 수년간 MMC 연구소를 운영하며 알게 된 것이다.) 여성들 중에는 돈 벌 시간이 없다고 불평하는 사람들이 많다. 하지만 그들은 다른 사람을 챙기는 데 너무 많은 시간과 에너지를 쓰고 있으며, 그런 행동이 돈을 버는 데 방해가 된다고 생각하지 않는다. 또 그들은 시간을 어떻게 쓸지에 대한 순간 순간의 선택이 자신에게 미칠 영향을 진지하게 인식하지 않는 경향이 있다. 셀리아는 우리와의 상담 끝에 친구들과 만나 식사하는 시간을 줄여야 한다는 것을 깨달았다. 그 시간들을 피아노 배우기 등 좀 더 의미 있는 일을 하는 데 쓰기 위해서였다.

반면 대개의 남성들은 이와 상반되는 문제를 갖고 있다. 남성들은 20~30년 동안 일에 시간을 쏟아붓지만, 나중에 깨닫는 것은 아이들과의 거리감뿐이다. 우리는 이렇게 말하는 남자들을 수도 없이 많이 봤다.

"아이들과 더 많은 시간을 보냈어야 했어요. 지금은 너무 늦어버렸습니다."

사람을 우선순위에 둔 경우라 해도, 사람들과의 관계에 얼마나 많은 시간을 써야 하는지 정해진 답은 없다. 다만 우리는 사랑과 약속, 의무 사이에 균형을 맞추라고 당부하고 싶다. 물론 모든 우선순위가 그렇듯이 사람을 중시하는 경향도 나이나 상황에 따라 달라지기도 한다. 옳고 그름은 없다. 단, 당신이 부자지능을 발휘하고 싶다면 누구와 어떻게 시간을 보낼 것인지 의식적으로 선택해야 한다.

우선순위 3. 생산성:
자신을 발전시키는 활동에 적극 참여하는 것

생산성은 두 가지로 생각할 수 있다. 하나는 생계를 위해 일하는 것이고, 다른 하나는 돈을 떠나 일 외의 활동을 하는 것이다.

부자지능 가운데 생산성을 우선순위로 꼽고 있다면, 당신은 의식적으로 삶에 열중하고 있는 것이다. 당신은 당신이 하는 일과, 일하는 방식과, 당신이 앞으로 나아갈 바에 그대로 연결돼 있다. 약간 과장하면 '일이 곧 당신'이다.

이런 유형 중에는 뜻과 행동이 명확하지 않은 상태에서도 이 일 저일 하느라 쉴 틈이 없는 사람들이 있다. 그래도 바쁘니 잘되고 있는 거라고? 천만의 말씀. 그런 일들은 대개 당신을 발전시키는 데 도움되지 않는다. 그저 바쁘게 뭔가를 계속하는 것이 생산적이라고 착각하다 보면, 당신이 정작 해야 하고, 하고 싶어 하는 일들을 못하게 될수도 있다. 세탁소에서 찾은 옷들과 학부모회에 가져갈 쿠키 바구니를 한 아름 안고 동네를 뛰어다니는 주부를 보면 부지런하고 생산성 있는 사람처럼 보일 수도 있다. 하지만 만약 그녀의 꿈이 조각가가 되는 것이라면 누구나 할 수 있는 이런 잡다한 일들은 그녀의 진정한 목표를 이루는 데 방해가 될 뿐이다.

생산적이라고 해서 꼭 바빠 보일 필요는 없다는 것을 명심하자. 명상 중인 승려는 깨우침에 도달하기 위해 혼신의 힘을 다하지만, 외부에서 보기에는 아무것도 하지 않는 것 같다. 생산성에는 '의사'가 중요하다. 같은 행위라도 어떤 사람에게는 생산적이지만 다른 사람에게는 그렇지 못할 수 있다. 클라우디아는 정원 가꾸는 것을 무척 좋아한다. 그 일은 그녀의 영혼을 살찌우고 평온한 안식을 준다. 덕분에 그녀는 인적자원부 부장으로서 직장에서도 더 큰 생산성을 발휘하고 있다. 반면 브렌다는 정원 일을 싫어하지만, 집에는 정원이 있어야 한다고 잔소리를 늘어놓은 엄마 때문에 마지못해서 베란다에다 작게 꾸며놓았다. 브렌다에게 화초 가꾸는 일은 할 일 목록에 오른 또 하나의 집안일일 뿐이다.

우리가 생산성에 대해 이야기하면, 해야 할 일이 많다 보니 정작 중요한 일에 신경을 쓰지 못한다고 푸념하는 사람들이 꼭 있다. 하지만 전문가인 우리가 수십 년의 경험을 통해 알게 된 것이 하나 있다. 우리의 고객들은 아무리 바빠도 약속시각이 되면 어김없이 나타난다는 사실이다. 그들은 자신의 삶을 발전시키는 데 중요하다고 생각되면 없는 시간도 만들어낸다. 그들은 자신의 삶에서 중요한 일을 할 때 활발히 나아간다. 더욱 생산적인 사람이 되고 싶다면, 목표에 다가가는 방법부터 생산적이고 의식적이어야 한다.

오늘날처럼 당신을 정신없게 하는 것들이 많은 세상에서는, 실제로는 그렇지 않은데도 많은 것을 성취하고 있다고 착각하기 쉽다. 많은 사람들이 회계장부를 기록하거나 이메일에 답장을 쓰는 것처럼, 관리

차원의 일을 하느라 많은 시간을 보낸다. 그러고는 정작 자신이 하고 싶은 일을 할 시간은 없다고 투덜거린다.

장보기, 빨래하기, 축구 수업에 아이들 데려다주기, 차고 문 고치기 등 우리가 일상적으로 해야 할 일들은 수없이 많다. 이런 일들에 쏟는 시간을 줄일 방법을 고민해봤는가? 사람을 고용하든, 이웃과 품앗이를 하든 방법은 있을 것이다. 더 중요한 일들을 하기 위해 시간을 만들 방법이 없는지 알아보라.

중요한 것은 어떤 느낌이 실제로 당신을 발전하게 하는지 자각하는 것이다. 당신이 선택한 일 때문에 제자리걸음만 하고 있는지, 아니면 목표를 향해 적극적으로 나아가고 있는지 시간을 갖고 진지하게 생각해보라.

흥미롭게도 우리가 만난 부유한 사람들 중에는, 도와줄 사람을 고용해서라도 여유시간을 가지라는 조언을 받아들이지 않는 경우가 많았다. 그들은 사람을 고용할 만한 경제적 여유가 충분함에도, 죄책감이 들거나 일이 똑바로 되지 않을 것 같다는 이유로 마다했다. 그런 잡다한 일에도 다 정해진 방식이 있으며, 그 방식대로 하지 않으면 일이 제대로 되지 않는다고 생각하는 것이다. 물론 다른 사람을 시키면 자기가 하는 것만큼 만족스럽지 않을 수도 있다. 그러나 만약 그런 일상적인 일들에 대한 완벽주의에서 벗어나면, 남는 시간을 더 값지게 활용할 수 있다. 하루 30분이라도 진정한 만족감을 느낄 수 있는 일에 몰두하면, 삶에 뚜렷한 변화를 만들 수 있다.

생산성은 부를 만드는 데뿐 아니라 삶의 다른 측면에서도 매우 중요하다. 건장한 체격에 잘생긴 데니스는 책임감이 강한 청년이었다. 서른 살 때 그는 금융계통에서 일했고 상당한 돈을 벌었다. 좋은 친구들도 많았으며 여자들을 만나 데이트하는 데도 아무 문제 없었다. 그는 중견기업의 재무분석가였다. 사람들에게 부러움을 받는 좋은 직업이거나 돈을 많이 벌어서가 아니라 자신이 잘하고 좋아하기 때문에 택한 일이었다. 아침에 일어나면 데니스는 그날 해야 할 일을 떠올렸다. 그는 행복했다.

그는 가끔 복권을 샀다. 물론 대부분의 사람들처럼 당첨되리라는 기대는 하지 않았다. 그러던 그가 어느 날 복권에 당첨되는 대박을 터뜨렸다. 이제 그는 18년 동안 해마다 100만 달러를 지급받게 되었다.

처음 데니스가 찾아왔을 때, 우리는 다른 고객들에게 하는 것과 똑같이 물어보았다. "어떻게 오셨습니까?" 그는 말없이 자리에 앉았다. 눈을 아래로 내리뜬 그는 어쩐지 부끄러워하는 것 같았다. 잠시 후 데니스가 입을 열었다. "저는 아침마다 침대를 박차고 일어나 하루를 시작할 준비를 했죠. 그런데 지금은 이렇게 돈이 많은데도 아침에 일어나는 것이 몹시 힘들어요. 날마다 뭘 해야 할지 모르겠어요. 허탈한 기분만 듭니다."

계속해서 그가 말했다.

"지금 제가 원하는 것은 이 나라를 떠나는 것뿐입니다. 그러면 삶의 목표가 없다는 이 괴로운 상황을 대면하지 않아도 되니까요."

갑작스럽게 많은 돈이 생겼음에도 표류하는 기분이 드는 것이 당황스럽고 놀라웠던 것이다. 그는 잠을 이룰 수 없었다. 앞으로 무엇을 해야 할지 그리고 지금은 왜 예전처럼 행복하지 않은지 고민하느라 밤마다 힘든 시간을 보내야 했다.

데니스는 생산성을 잃었지만, 더 나은 사람이 되어야 한다는 생각은 오히려 어느 때보다 강해졌다. "복권에 당첨되니 받은 상금만큼 큰 뭔가를 해야 한다는 생각이 듭니다. 그 돈으로 뭔가 특별한 일을 해서 세상을 다르게 만들어야 한다고 생각했죠." 그렇게 하지 않으면 그는 실패자가 될 것 같았다. 하지만 '옳은 일'을 해야 한다는 부담감이 너무 큰 나머지 아무것도 못하고 있었다.

"당신은 어떨 때 행복합니까?" 우리가 물었다.

데니스가 대답했다. "저는 아르헨티나나 제3세계 국가에 가서 교육받지 못한 아이들을 가르칠 때 가장 행복합니다. 한 번 가면 몇 달씩 있는 것을 좋아하죠. 그럴 때면 모든 걱정이 사라지고 진심으로 즐거워집니다. 저는 그곳의 아이들을 사랑합니다. 아이들은 저에게 무척 고마워하지만 오히려 저는 제가 해줄 수 있는 것보다 그 아이들이 제게 해주는 것이 더 많다고 생각해요. 그러다 돌아오는 비행기에 오르면 그때부터 다시 불안해집니다."

우리와 대화를 나누는 동안, 데니스는 그곳 아이들이 기술을 배워 앞으로 더 폭넓은 기회를 가질 수 있게 돕는 것이 자신의 가장 큰 바람임을 깨달았다. 아이들을 가르치면서 그는 다시 생산적인 사람이 되었고, 성취감을 느꼈다. 자신의 우선순위에 맞게 산 것이다. 우리가 할 일은 데니스가 지구의 절반을 돌아다니지 않고도, 다시 삶의 목표를 찾고 생산성을 갖추도록 돕는 것이었다.

데니스는 자신이 사는 지역부터 다르게 만들어보기로 결심했다. 우선 그는 학교에서 소외된 아이들과 많은 시간을 보냈고, 스포츠팀을 만들어 코치를 맡았다. 스스로도 놀랄 만큼 빨리, 그는 아르헨티나로 떠날 생각을 하지 않게 되었다.

"이젠 이 나라를 떠나고 싶지 않습니다. 여기서 제게 이토록 의지하는 아이들을 도우며 함께 지내고 싶어요. 지금 저는 그 아이들의 삶을 변화시키고 있습니다. 아이들 덕분에 저도 다시 행복해지기 시작했어요."

졸부 증후군Sudden Wealth Syndrome으로 힘들어하는 다른 많은 이들처럼, 데니스 역시 돈 때문에 삶에 일어난 변화로 큰 충격을 받았다. 감당할 수 없을 만큼 큰 돈이 갑자기 생기면서 자신의 정체성과 삶의 목표를 잃어버린 것이다.

부자지능이 있는 사람들에게 확실한 정체성을 갖는 것은 매우 중요하다. 아이러니하게도, 데니스는 복권에 당첨되면서 부자지능을 잃어버렸다. 하지만 예전의 생산성을 회복함으로써 되찾을 수 있었다. 분야는 바뀌었지만 말이다.

우선순위 4. 열정:
삶에 흥분과 기쁨을 가져다주는 것

"당신을 행복하게 만드는 것은 무엇입니까?" 우리가 고객에게 묻는 가장 단순하면서도 중요한 질문 중 하나다. 이 질문을 통해 행복 이상의 것, 즉 열정을 찾을 수 있게 도우려는 것이다.

열정은 마음이 아니라 몸으로 느끼는 것이다. 단순히 즐거움과 만족감을 주는 일들은 많다. 하지만 당신이 정말로 열정을 갖고 일할 때는 몸의 상태가 변하는 것을 느낄 수 있다. 예술이나 바이올린 연주 같은 것에 열정을 쏟을 수도 있지만, 열정이란 꼭 그렇게 고상하고 지적인 차원에서만 생기는 것이 아니다. 축구를 할 때도, 스웨터를 짤 때도, 모형 비행기를 만들 때도 느낄 수 있다.

단순히 즐기는 것이 아니라, 진정으로 열정을 느끼고 있다는 것을 어떻게 알 수 있을까? 열정이 있으면, 당신이 택한 활동이나 관심분야에서 뭔가를 성취하도록 강하게 밀어붙이는 힘이 느껴진다. 지금 하는 일에 몰입하고 있다면, 의심할 여지 없이 당신은 정말 좋아하는 일을 하고 있는 것이다. 오로지 그 한 가지 일에만 집중하기 때문에 다른 일들은 다 잊게 되고, 자기도 모르는 사이에 시간이 흐르며, 마음을 짓누르던 의무와 걱정들은 저 뒤편으로 사라져버린다.

활기 넘치고, 영리하며, 자기 생각이 분명한 에이미는 자신의 열정에 따라 살고 있다. 스물한 살 때 그녀는 자기보다 열다섯 살 연상의 전도유망한 사업가와 결혼했다. 그리고 넷이나 되는 아이들을 키우며 남편이 하는 사업을 열심히 도왔다. 사업가가 되고 싶다는 자신의 열정을 발견했을 때 그녀는 흥분과 에너지가 용솟음치는 것을 느꼈다. 에이미는 결국 자신의 사업을 시작했다. 또 그녀는 영향력 있고 자신에게 자극을 주는 사람들과 교류하는 것을 좋아했다. 선구적인 사상가라 여겨지는 사람이라면 정치인이든, 사업가든, 영적 지도자든, 예술가든 상관없었다. 이처럼 새로운 세상에 속하고 싶어 하는 그녀의 간절한 바람은 모든 것을 아우르게 되었다.

그녀는 우리에게 이렇게 말했다.

"저는 존경받는 지성인들 곁에 있는 것이 진심으로 좋아요. 행동에 동참하는 것도 그렇고요. 제가 살고 있는 지역뿐 아니라 전 세계를 향해 다가갈 기회가 있다는 사실이 정말 좋아요! 저는 중요한 저술가나 정치인, 작가를 만날 때든, 세계 각지를 여행할 때든, 회사를 세울 때든, 제가 좋아하는 일을 할 때 제 안의 열정을 느낍니다."

에이미가 참여하자 남편의 사업은 더욱 성장했고 상당한 재산도 모았다. 하지만 이혼 법정에 서는 순간 에이미의 세계는 사라져버렸다. 남편의 사업을 돕던 것도 참담하게 끝이 났다. 삶에 대한 갈망과 낙관적인 습성 때문에 결혼생활이 조금씩, 하지만 꾸준히 흔들리고 있었다는 사실을 간과했던 것이다. 그러나 에이미는 곧 상황을 있는 그대로 받아들였고, 자신의 잘못을 인정했으며, 깔끔하게 정리했다.

결혼 전에 합의한 내용 때문에 에이미는 많은 재산을 분배받지는 못했다. 하지만 아이들도 충분히 자랐기 때문에 그녀는 다시 자기 사업을 시작하기로 결심했다. 이혼 수속 중에도 그녀는 자신의 목표를 잃지 않았고, 미술품 투자와 부동산 개발 시장에 뛰어들 준비를 했다. 팔 수 있는 것이면 뭐든 팔아서 사업자금을 마련했다. 그리고 죽기살기로 일에 매진했다. 에이미는 낡은 주택을 경매로 구입한 다음 잘 수리해서 임대주택으로 변모시켰다. 임대 사업은 빠르게 성장했고, 드디어 결혼생활 때 누렸던 만큼 돈을 벌어 안락하게 살 수 있게 되었다. 그 정도로 성공하자 에이미는 일 중독 상태에서 벗어나 삶의 균형을 잡기 시작했다. 하타요가 등 자신이 좋아하는 일에 시간을 쏟기 시작했다. 사업 성공으로 재정상태가 안정되자 예술품 사업을 할 기회가 생겼고, 분야는 달랐지만 생각을 나눌 지성인들도 다시 만나게 되었다. 그녀는 다시 행복해졌다.

에이미처럼, 부자지능을 구성하는 요소 중 열정이 주된 자리를 차지하고 있으면 열정으로 가득 찬 일들을 함으로써 즐겁고 만족스러운 생활을 누릴 수 있다.

부자지능을 발휘하지 못하는 사람들은 두 부류로 나뉜다. 첫 번째는 삶에 대한 열정이 부족해서 끊임없이 좌절하는 사람들이다. 그들은 몸이 아니라 머리로 열정을 경험하려고 한다. 때로는 심리적인 문제가 있어서 열정의 기쁨을 만끽하지 못하는 경우도 있다. 그런 사람들은 죄의식을 느끼거나, 화를 내며 좌절하거나, 우울증에 빠지곤 한다. 그들에게도 열정이 최고의 우선순위일 수는 있다. 하지만 일상에서 그 욕구는 좌절되기 일쑤이며, 이런 일이 반복되면 그들은 부족한 현실을 탓하며 상상 속에서 열정적인 자신의 모습을 찾기도 한다. 하지만 상상은 상상일 뿐이다.

두 번째 부류는 열정에 휘둘리면 오히려 상처와 실망만 남고 자존감까지 무너진다고 생각하는 사람들이다. 이들의 열정은 '파괴적 열정'이라 부를 수 있으며, 대개는 고통스러운 경험과 무의식적으로 연결되어 있다. 이들은 술, 불륜, 도박에 빠지거나, 충동적인 결정을 내리기도 하고, 드라마를 무작정 모방하는 등 종종 자신을 망가뜨리는 행동을 저지른다. 그들도 이런 파괴적 열정을 무의식의 세계로 깊이 묻어두려고 애쓰지만, 안타깝게도 이런 노력은 성공하는 경우가 드물다. 때로는 전문가의 도움을 받아서 파괴적인 행동을 드러내고 적극적으로 치료해야 할 때도 있다.

자신이 바라는 세상과 현실에는 차이가 있게 마련이다. 그 차이를 어떻게 대하느냐에 따라 성공과 행복을 누릴 수도 있고 그 반대일 수도 있다. 부자지능이 있는 사람들은 자신에게 부족한 부분을 인정하고 실망감을 극복한 다음, 주어진 상황에서 가장 나은 현실을 만들고자 노력한다. 아니면 완전히 새로운 현실을 만드는 데 뛰어든다.

존의 경우를 살펴보자. 그는 늘 기혼여성에게 마음을 빼앗기곤 했다. 어린 시절 어머니로부터 충분한 사랑을 받지 못했기 때문이었다.

존은 이런 상태에서 벗어나려면 자신을 행복하게 하는 일에 열정을 집중해야 한다는 사실을 깨달았다. 예컨대 결혼 상대를 찾는 일 말이다. 열정의 초점을 바꾸고, 새로운 경험을 하고, 자신의 과거를 진정으로 이해하게 되자 존의 손상되었던 자존감이 서서히 회복되었다.

당신은 어른이므로 얼마든지 삶을 선택할 수 있다. 과거의 잘못을 되풀이할 필요는 없다. 인생은 짧다. 그러니 서두르자! 부자지능이 있는 사람들은 자신에게 기쁨과 만족을 안겨주는 열정을 적극적으로 추구한다. 혹 열정 때문에 잘못된 길로 빠졌을 때는 스스로 책임을 지고 새로운 길을 만들어서 진정 원하는 곳을 향해 다시 나아간다.

우선순위 5. 내면의 평화:
충만감과 만족감, 평정심을 갖는 것

내면의 평화를 얻는다고 하면 명상이나 요가, 자연 속에 혼자 있기, 정원 가꾸기, 클래식 음악 감상 같은 조용한 것들을 떠올리게 된다. 확실히 이런 것들은 마음을 평화롭게 한다. 하지만 평화는 반전시위나 인권운동 같은 다소 시끄럽고 활동적인 일에서도 찾을 수 있다. 만족감을 느낄 수만 있다면, 비치발리볼 같은 게임을 통해서도 얻을 수 있다.

평화가 부유함과 어떤 관계인지 의아해할 수도 있겠다. 일반적으로 평화를 우선순위로 꼽는 사람들은 돈을 행동의 주요 동기로 삼지 않는다. 물론 시 창작수업을 듣거나 교회에 자주 나가면서 삶의 평화를 추구하는 사람도, 한편으로는 그런 활동이 재정 상태에 미치는 영향을 걱정할 것이다. 하지만 부자지능을 지닌 사람들은 돈과 평화를 상호배타적으로 생각하지 않는다. 그들은 자신이 하고 싶은 일을 하면서 평화를 얻으려면 돈이 필요하다는 것을 안다. 삶을 풍족하게 하는 데 필요한 많은 요소들처럼, 이 역시 그저 균형의 문제일 때가 많다.

사람들이 보기에 샬린의 삶은 근사함 그 자체였다. 그녀는 석유 사업으로 거부가 된 유명한 집안에서 태어났고, 평생 하루도 일할 필요가 없을 만큼 어마어마한 돈을 상속받으리라는 것을 어릴 때부터 알고 있었다.

하지만 그 이면은 참담했다. 어린 시절 그녀는 남들뿐 아니라 가족들로부터도 신체적, 정신적, 성적으로 학대받았다. 부모는 그녀에게 "넌 뚱뚱하고, 바보고, 못생겼어"라는 말을 끊임없이 해댔고 그녀는 그 말을 그대로 믿었다.

어른이 되어 사회에 나갔을 때도 똑같은 수모가 기다리고 있었다. 대부분 뚱뚱하다는 이유에서였다. "차를 사러 갔을 때 당한 치욕은 절대 잊지 못할 거예요." 그녀가 말했다. "벤츠사의 영업 직원이 저한테 사람들 눈에 안 띄는 곳에 앉으라고 하더군요. 제가 자기 회사 이미지하고 안 어울린다나요. 나중에는 전시장 앞 말고 모퉁이 쪽으로 가서 택시를 잡으라고 했어요."

마흔 살이 되었을 때 샬린의 비만과 우울증은 더욱 심해져서 자살까지 생각할 지경이었다. 다행히 그녀는 마음을 고쳐먹고 비만을 해결하기 위해 수술을 받았으며 정신 상담도 받기 시작했다. 길고 긴 몸과 마음의 치유 과정을 겪으며 샬린은 자신이 지닌 가장 큰 강점을 깨달았다. 용기였다. 그녀는 용기가 있었기 때문에 형제들이 저지른 못된 짓들을 극복하고 삶을 위해 새로운 선택을 할 수 있었다.

우리와 함께한 오랜 시간 동안, 샬린은 차차 자신의 장점을 찾고 새로운 모습을 갖춰갔다. 그녀는 천성적으로 감사할 줄 하는 사람이었고, 깊은 우정을 나누는 친구들이 있었으며, 사람들에게 자기가 가진 돈과 시간, 사랑을 나눠주고 싶어 했다. 샬린은 정서장애가 있는 아이들을 위한 상담사가 되었다. 또 비만퇴치 사업들의 기금을 마련하기 위해 재단을 설립했다. 이런 활동을 통해 드디어 그녀는 지금까지 한 번도 가져보지 못한 것을 찾았다. 평화였다.

샬린에게 돈은 심신의 건강을 회복하는 데 필요한 재원이 되어주었다. 하지만 샬린은 그 돈을 더럽다고 생각했다. 자신을 못생기고, 바보 같고, 뚱뚱하다고 놀렸던 사람들에게서 나온 돈이기 때문이었다. 샬린이 자신의 삶에서 찾은 평화는 그 돈보다 백만 배 이상 가치 있는 것이었다. 지금 그녀를 만난다면 예전과 완전히 달라져 있는 모습을 보게 될 것이다. 이제 샬린은 잘 웃고, 자신에게 힘이 있음을 알고, 자기 생각을 확신을 갖고 말하되 남의 의견에도 귀 기울일 줄 알고,

자신의 약점을 미안해하지 않는 사람이 되었다.

다른 고객들처럼 샬린도 평화를 얻으면서 돈에 관한 안전지대를 찾았다. 우리는 그것을 '재정적 편안함'이라고 부른다. 더 강해진 자아와 더 큰 확신을 갖게 된 샬린은 자신의 재정 상태를 더욱 잘 파악할 수 있게 되었고, 삶의 평화를 얻기 위해 돈을 관리하는 법도 배웠다. 평화를 얻고 재정적 효율성을 갖추면 돈 걱정은 크게 줄어든다. 또 재무 동향도 더욱 잘 관리할 수 있게 된다. 평화를 우선순위에 두는 사람일수록 자신에 대해 잘 알고, 자신이 원하는 것들에 대해서도 그만큼 편안해진다. 그래서 소비는 더 잘 관리하고 수입은 더욱 늘어난다.

부자지능이 있으면 당신이 돈을 따르는 것이 아니라 돈이 당신을 따르게 된다. 그러니 평화를 갈구하는 내면의 목소리에 귀를 기울이고 그것을 존중하자. 부자지능을 발휘했을 때 얻게 되는 이점들을 즐기며 살았더니 어느 순간 돈이 친구가 되었다고 놀라지는 말자.

삶의 우선순위를 보려면

지금까지 부자지능에서 따져봐야 할 인생의 다섯 가지 우선순위에 대해 살펴보았다. 당신에게는 어떤 가치가 가장 중요한가? 어떤 선택이든 모두 타당하다. 심사숙고해서 결정한 의식적인 선택이면 된다.

자신의 선택이 우선순위를 따른 것인지, 또 그것이 어떤 결과를 가져올지 잘 알고 있으면 된다.

인생은 크고 작은 선택의 연속이다. '공항까지 직접 운전해서 갈까? 아니면 버스를 탈까?' 같은 사소한 선택에서부터 '지금 하는 일은 내가 진심으로 원하는 것들이 반영된 직업일까?' 같은 중대한 선택까지. 우리는 이렇게 말하고 싶다. 의식적인 선택을 함으로써 당신에게 올 기회를 최대화하라. 그리고 일단 결정을 내렸다면 다가올 결과를 즐겨라. 그게 안 된다면 바꿔라. 부자지능이 있는 사람들은 인생에서 얼마나 많은 선택들이 바뀔 수 있는지 잘 안다.

사람의 욕구는 시간이 지나면서 바뀔 수 있고 나이에 따라서도 달라진다. 일반적으로 나이 든 사람들이 인생의 허망함을 더 강하게 느끼는 데 반해, 젊은 사람들은 일을 위해 자신이 무엇을 포기하고 있는지 잘 모른다. 실리콘밸리의 스무 살짜리 사업가는 사람들과의 관계나 친밀함에는 관심을 두지 않고 하루 16시간이라도 기꺼이 일할 것이다. 그렇게 해서 행복하기만 하다면 괜찮다. 그는 기꺼이 몰입할 수 있는 일에 빠져 있는 것이다. 사업이 잘되지 않아도 그는 타당한 선택을 했다. 자신에게 의미 있는 방식으로 살고 있기 때문이다. 하지만 그도 마흔이나 쉰 살쯤 되면, 우선순위가 평화나 사람으로 바뀔지 모른다.

대부분 사람들의 우선순위는 꾸준히 변화한다. 성인으로 사는 동안 우선순위는 계속 진화하고 세련되어진다. 중요한 것은, 당신이 지금 하는 일은 어제 하던 일이라서가 아니라, 바로 오늘 당신이 핵심 가치라고 생각하기 때문에 하는 일이어야 한다는 사실이다. 과거에 가졌던 가치가 무의미해졌거나 더 이상 필요하지 않다면 근본적으로 수정되어야 한다.

| 자신에게 솔직해지자 |

우선순위를 확인하려면 당신에게 가장 중요한 것이 무엇이고, 실제로 무엇을 하며 시간을 보내는지 면밀히 따져봐야 한다. 어떤 일에 얼마만큼의 시간을 할애하는지가 경우에 따라서는 우선순위를 확인하는 가장 효과적인 방법일 수도 있다. 예를 들어, 주말마다 골프 스윙 연습을 하면서 시간을 보낸다면 당신의 최고 우선순위는 골프일 가능성이 높다. 우리 고객인 리사는 작가이면서 대학원에 다니고 있었다. 많은 학생들이 그녀를 보고 "나도 글을 쓸 시간이 있었으면 좋겠다"고 했다. 하지만 학생들은 그렇게 말하고 나서 곧바로 이런 말을 하곤 했다. "얘, 어젯밤 〈CSI〉 봤니?" 이 학생들이 TV 보는 대신 글 쓰는 데 시간을 보냈다면 자신이 원하는 일을 하며 시간을 보낼 수 있었을 것이다. 그러나 이들에게는 생산성보다 마음의 평화가 높은 우선순위였기 때문에 그렇게 하지 않았다. 물론 비판할 일은 전혀 아니다. 우선순위표를 작성하면 당신이 어떻게 살고 있는지 더욱 분명히 파악하는 데 도움이 된다.

우리는 고객들과 만나면 자기 자신, 인간관계, 일, 지역사회라는 네 영역에 대해 얼마만큼 시간을 할애하는지 간단히 평가하게 한다. 그런 다음 매주 각 영역에 쓰는 시간 비중을 계산한다. 자기 자신에게 10%, 인간관계에 30%, 일에 55%, 지역사회 활동(자원봉사 등)에 5% 같은 식으로 말이다. 돈으로는 절대 살 수 없는 시간을 자신이 실제로 어떻게 쓰고 있는지 확인해보면 누구나 깜짝 놀라곤 한다. 그러니 당신도 종이와 연필을 들고 앉아서 자신이 각각의 활동들에 얼마만큼의 시간을 쓰는지 목록을 작성해보라. 아마 당신도 놀라게 될 것이다.

시간 배분으로만 우선순위를 확인할 수 있는 것은 아니다. 캔디스는 직장에 다니며 혼자 아이를 키우는 엄마였다. 그녀가 우선순위를 둔 것은 피아노 연주에 대한 열정이었지만, 그녀는 일주일에 두 번 아이들이 친구 집에서 노는 날에만 한 시간씩 피아노를 칠 수 있었다. 직장에서 주당 40시간이 넘도록 일하고 있다고 해서 그녀의 우선순위가 업무 생산성일까? 그건 아니다. 어떤 사람들은 요가나 명상, 정원 손질 등을 하루에 한 시간도 못하지만 그런 것들로 얻는 마음의 평화를 가장 중요하게 꼽는다. 그러한 활동들을 통해 삶의 의미와 목적을 찾고, 심신의 건강을 얻는다면 그걸로 그만이다.

이처럼 자신의 우선순위에 투자하는 시간이 직장 일이나 부모 역할, 일상적인 일들을 챙기는 데 쓰는 시간보다 훨씬 적은 경우가 많다. 우리가 시간을 어떻게 쓰고 있는지 살펴보면 삶의 에너지를 어떤 식으로 사용하는지 알 수 있지만, 그것이 우리가 중요하게 생각하는 것, 우리를 풍요롭게 만들어주는 것과 직결된다는 의미는 아니다.

그러므로 시간을 어떻게 쓰고 있는지 생각해볼 때는, 당신이 즐거움을 느끼는 활동들 못지않게 생계나 책임 때문에 해야 하는 활동들도 신중하게 고려해야 한다. 그런 다음, 방해되는 활동들을 줄이는 방법을 생각해보자.

　　물론 말처럼 쉬운 것은 아니다. 부유한 사람들도 종종 객관화의 오류에 빠지곤 한다. 우리 고객 중 한 사람은 일 때문에 정작 자신이 하고 싶은 일들, 예컨대 운동 강좌에 가거나 친구들과 식사할 시간이 없다고 한탄했다. 하지만 그녀의 남편은 1년에 거의 50만 달러나 버는 사람이었다. 누구도 그녀에게 일하라고 강요하지 않았지만, 정작 본인은 일적인 생산성이 우선순위가 되어야 한다고 굳게 믿고 있었다. 그녀는 첫 번째도, 두 번째도, 세 번째도 근면함을 최고의 가치로 여기는 가정에서 자랐다. 그녀의 부모님은 일주일에 60시간 이상 일해야 한다고 믿는 분들이었다. 어린 시절부터 굳어진 믿음 때문에 그녀는 자신을 바르게 보지 못했고, 생산성에 관해 올바른 개념을 형성하지 못했다. 그녀는 그 정도로 헌신적으로 일하지 않으면 스스로를 '게으르고, 아무짝에도 쓸모없는 사람'이라고 느꼈다.

　　반면 부자지능을 가진 어떤 고객은 이렇게 말했다. "일주일에 70시간씩 일한다고 해도 운동이 하고 싶으면 저는 운동할 시간을 찾을 겁니다." 그런 사람은 자신에게 중요한 일을 하기 위해서라면 자는 시간이나 친구들과 식사하는 시간 등 무엇이라도 희생시켜서 그 시간을 만든다. 그러기를 바라는 것과 실제로 그렇게 되게 노력하는 것 사이에는 차이가 있음을 알 수 있다. 무엇이 중요한지 말하기는 쉽다. 그러나 말만으로는 삶이 변하지 않는다. 반드시 우선순위에 따라 자신이 어떻게 시간을 보내는지 실제로 따져봐야 한다.

이런 테스트에서 가장 어려운 점은 자신을 객관적으로 바라보는 것이다. 머릿속에 있는 자기 자신의 모습과 실제 모습은 전혀 다를 수 있기 때문이다. 당신의 바람이나 환상이 아니라, 현실에서 실제로 하고 있는 것들을 적어라. 사람은 늘 자신을 최대한 빛나는 존재로 보고 싶어 한다. 그 마음은 이해한다. 그러나 마술적인 사고의 덫에 빠지거나 '해야 하는 것, 할 수 있는 것, 하고 싶은 것'과 혼동하는 일이 없도록 현실과 이상을 반드시 구분하자.

직장에서 유능한 중간급 관리자가 한 사람 있다. 그는 늘 자신의 최고 우선순위는 사람이라면서 사랑하는 가족과 보낼 시간이 더 많기를 바란다고 말한다. 그런데 실제로 아이들과 보내는 시간이 일주일에 고작 한두 시간뿐이라면 그는 자신에게 솔직하지 못하거나 자신에 대해 잘 모르고 있는 셈이다. 스스로를 객관화할 자신이 없으면 당신을 잘 아는 주변 사람들의 의견을 참고해 답하는 것도 도움이 된다. 아니면 테스트를 마친 다음 주변 사람에게 다시 답하게 해서 두 점수의 평균을 내는 방법도 있다.

또 한 가지 명심할 것이 있다. 우리는 지금 10년 전, 혹은 대학 때

가졌던 생각이 아니라 바로 오늘의 우선순위를 파악해야 한다는 것이다. 시간이 흐르면 우선순위도 자연히 바뀐다. 예를 들어, 이상에 찬 대학생이었을 때는 세상을 바꾸고 싶다는 생각에 평화 봉사단에 가입해서 아프리카로 떠난다. 그녀가 최우선으로 꼽는 것은 단연 평화이며 두 번째는 기타 활동에서의 생산성이다. 그러다 스물다섯 살이 되자 자기 혼자만으로는 세상을 바꿀 수 없다는 생각이 들기 시작하고, 초점이 세상에서 자신으로 옮겨진다. 그래서 고국으로 돌아와 이벤트 플래너로서 경력을 쌓아간다. 그녀는 여전히 아프리카의 힘든 사람들을 돕는 데 일정액을 쓰고 있지만 초점의 대상은 더 이상 아프리카가 아니다. 기타 활동에서의 생산성이 최우선순위가 되었으며 부유함이 두 번째, 평화는 세 번째로 떨어졌다. 이것은 매우 보편적인 과정이다. 성인으로 살면서 많은 것을 배워감에 따라 추구하는 가치와 인생의 목표도 진화하게 마련이다. 부자지능 테스트를 거쳐보면, 현재 자신의 모습과 앞으로 1년 후에 되어 있기를 바라는 자신의 모습을 알 수 있을 것이다.

| 먹고살기 위해 일하는 사람 vs 일 자체를 즐기는 사람 |

이 테스트를 했을 때 사람들은 흔히 이렇게 반응한다. "이건 우선순위를 선택할 수 있는 부자들한테나 해당하는 거죠. 보통 사람들은

먹고살려면 일을 해야 하니 생산성이 우선순위가 될 수밖에요. 선택의 여지가 없어요."

아주 솔직히 말하면, 핑계다. 물론 다들 나름의 의무와 역할을 다하며 살고 있겠지만, 그래도 얼마든지 지금보다 더 나은 삶을 꿈꾸고 설계할 수 있다. 직업을 가진다고 해서 그런 기회가 없어지는 것은 아니다. 날마다 8시간씩 일하고 8시간씩 자도, 당신이 하고 싶은 일을 할 시간은 일주일에 56시간이나 남는다. 아무리 힘들고 바쁘더라도 자기 자신과 자신의 꿈을 위해 일주일에 한두 시간을 마련하지 못하는 사람은 아직 본 적이 없다. 혼자 일하며 아이를 키우는 워킹맘이라도 그렇다. 잠깐이라도 하고 싶은 일에 시간을 내보자. 작은 변화가 모여 큰 차이를 만드는 법이다.

우리는 당신이 크게 생각하고, 삶의 가능성을 다시 찾도록 북돋아주고 싶다. 회사 업무에 지나치게 얽매여 있거나 일 중독에 빠져 있는 한 아무것도 바뀌지 않는다. 빡빡한 일상에 자신을 가두지 말고, 당신의 삶을 원하는 대로 이끌어줄 수 있는 것들에 대해 생각해보자. 오늘을 넘어서 더 먼 미래까지 생각하는 것이야말로 성공하는 비결 중 하나다.

기업가로 성공한 사람들은 무일푼으로 시작했더라도 끈기와 열정을 갖고 꿈을 현실로 만들었다. 물론 힘들고, 실패하고, 모든 것을 잃었던 적도 있었다. 그러나 꿈을 현실로 만들고자 하는 바람이 강하고 개방적인 마인드, 융통성, 회복력을 갖췄으며, 사람들을 이끄는 것을 좋아했기 때문에 인내할 수 있었다. 부자지능이 있는 사람들은 결과보다 과정이 중요하다는 것을 알고 있다. 물론 그들도 돈 버는 것을 좋아한다. 하지만 그들은 은행 계좌의 잔고를 성공의 기준으로 삼지 않는다. 중요한 것은 자신이 모든 것을 어떻게 이루었느냐이기 때문이다.

우리가 풍족함에 관해 이야기하면, 더 낫거나 더 큰 삶에 대한 꿈은 절대 실현되지 않을 거라고 생각하는 사람들이 너무도 많다. 그들은 스스로 만든 마음의 감옥에 갇혀서 '그냥 적당히 만족하며' 살아간다. 그리고 배우자나 가족, 직업, 지역사회, 정부 등 다른 대상에게 많은 시간을 쓰면서 자신을 자유롭게 해줄 열쇠를 찾는다. 하지만 열쇠는 자신에게 있다. 그것은 당신이 만든 감옥 밖의 현실을 인식함으로써 부자지능을 발현시켜줄 열쇠다. 자신의 방에 갇혀 있으면 안락할 수 있으나 풍족한 삶을 살 수는 없다. 익숙함은 안락함을 주지만 당신을 가두는 감옥이 될 수도 있다.

당신에게 가장 중요한 것은 무엇인가?

이제 당신 자신에 관해 이야기할 시간이다. 당신 삶의 우선순위를 매겨볼 차례다. 테스트에 효과적으로 응하기 위해, 다른 사람이 작성한 인생의 우선순위표를 먼저 참고해보자. 다음은 이 책을 쓴 우리가 작성했던 우선순위표다.

　스티븐은 업무 생산성을 1위로 꼽았다. (조안도 그의 판단에 동의했다. 이처럼 가능하면 언제든, 당신의 답에 무게를 실어줄 객관적인 사람을 동원하자.) 일에서나 다른 활동에서나, 스티븐에게는 생산성이 매우 중요한 가치다. 그는 일을 함으로써 만족을 얻는다. 그는 어릴 때부터 부모님께 근면함의 가치를 배우며 자랐다.

　두 번째 우선순위는 사람이다. 그는 매주 가족, 친구들과 많은 시간을 보내고 있었다. 열정(자연 속에 있기, 여행하기, 기타 치기 등)은 3위였다. 일 때문에 여가 활동을 즐길 시간이 늘 있는 것은 아니기 때문이었다. 조안은 스티븐이 열정을 너무 낮게 평가한 것 같다고 했다. 그러면서 그가 여가 생활에 더 많은 시간을 쏟지 못하는 데에는 늘 이유가 있었다고 지적했다. 이 당시의 이유는 흥미로운 프로젝트 때문이었다. 이듬해에는 부동산 투자가 이유가 될지도 모른다. 스티븐은 분명 자신의 일을 사랑했다. 하지만 열정은 단순히 좋아하는 것을 넘어서서, 거의 황홀경에 빠지는 몰입의 경지를 뜻한다. 조안은 그 사실을 스티븐에게 일깨워주었다.

　이 밖에 기타 활동에 대한 생산성은 4위를 차지했다. 평화와 부유함은 각각 5위와 6위였다. 이 순위는 매주 스티븐이 그 두 가지 활동에 쏟는 시간에 근거한 것이다.

이제 다음 질문을 생각해볼 차례였다.

'앞으로 1년 뒤에는 매주 보통 어떤 일들을 하게 될 것 같은가?'

스티븐은 얼마간 생각한 뒤 평화는 현재 순위 그대로일 것 같다고 했다. 하지만 앞으로 언젠가 평화의 우선순위가 높아지면 더 행복할 것 같다는 점은 인정했다. 현실적인 차원에서 이 말은 날마다 명상에 전념하고, 어떤 상황이나 사람에 대해 순간적으로 반응하지 않고 잠시 멈추는 연습을 더 열심히 한다는 것을 뜻했다.

스티븐은 우선순위를 바꾸는 데 상당히 애를 먹었다. 다른 순위를 1위로 옮기려면 생산성을 낮춰야 하기 때문이다. 그는 업무 생산성 비중을 낮추고 싶었지만, 조안은 근면함을 추구하는 스티븐의 성향을 고려할 때 그가 원하는 대로 될지 의문이라고 했다. 당신을 잘 아는 사람이 당신이 정한 우선순위에 대해 피드백을 해주면, 다시 생각해서 자신의 선택을 수정할 수 있다. 조안의 의견은 스티븐이 자기 자신에게 거는 기대를 진지하게 돌아볼 기회를 주었다. 그 결과 큰 변화가 생겼다. 스티븐은 열정을 좀 더 높은 순위로 옮겨야겠다고 생각했다. 하이킹, 영화나 뮤지컬 관람, 기타 연주도 모두 그에 속하는 활동들이었다.

부유함은 그대로 6위로 남겨두기로 했다. 그에 대한 생각은 바뀌지 않았기 때문이다. 그러나 조안은 이에 동의하지 않았다. 그녀는 스티븐이 그렇게 많은 시간 동안 일을 하는 만큼 돈에도 더 신경 써야 한다고 했다. 하지만 스티븐은 일이 좋아서일 뿐이라고 반박했다. 그가 좋아하는 것은 생산에 기여하는 것이지, '돈'이 아니라는 것이었다. 앞서 말한 대로 평화와 열정은 더 중요해졌다. 자신이 정한 우선순위에 조안의 의견이 가미되자, 스티븐은 자신이 한 선택을 더욱 확신할 수 있었다.

그 뒤 1년 동안, 스티븐은 자신이 생산성 순위를 낮추려는 노력을 하지 않았다고 인정했다. 흥미진진한 프로젝트가 진행되고 있었기 때문이었다. 우선순위를 솔직하게 매기는 데 중요한 것이 바로 이 부분, 계획과 현실이 뒤섞이는 것이다. 그는 생산성의 순위를 내릴 수는 없었지만, 일을 억지로 줄이는 대신 기타 활동에 대한 생산성을 조금 낮추기로 했다. 그는 열정을 좇을 시간을 원했고 앞으로는 차차 업무 생

표 2.1 | 스티븐의 우선순위표

	1단계: 오늘 현재 매주 하고 있는 활동의 순위를 가장 높은 순부터 차례대로 매긴다.	2단계: 오늘부터 1년 뒤 앞으로 1년 뒤 매주 하게 될 활동의 순위를 가장 높은 순부터 차례대로 매긴다.	3단계: 차이 1단계와 2단계의 차를 계산한다.
부유함	6	6	0
사람	2	2	0
생산성(일)	1	1	0
생산성(기타 활동)	4	5	1
열정	3	4	1
평화	5	3	2

4단계: 전체 차이 (3단계에서 나온 점수 차를 합산해서 총 점수 차를 구한다.)   총 점수 차=4

산성의 순위를 낮추고 싶었지만, 그다음 해에도 자신의 우선순위가 크게 바뀌지 않으리란 것을 알고 있었다.

스티븐의 결과는 표 2.1에서 확인할 수 있다.

스티븐이 기록한 4점은 현재의 삶과 미래에 그가 바라는 삶의 모습이 크게 다르지 않으며, 대부분 자신의 우선순위에 따라 살고 있음을 보여준다. 점수 자체로 좋고 나쁨이 평가되는 것은 아니다. 하지만 점수가 높을수록 지금의 삶과 자신이 바라는 삶 간의 차이가 크다는 뜻이다. 그럴 경우, 자신의 우선순위에 따라 살려면 더 많은 변화가 뒤따라야 한다.

| 조안이 사는 방식과 우선순위표 |

다음은 조안이 작성했던 우선순위표다. 그녀의 테스트 결과와 삶의 모습도 당신이 우선순위표를 작성하는 데 좋은 참고가 될 것이다.

현재 그녀가 꼽은 최고의 우선순위는 생산성이었다. 조안은 타고나기를 생산적인 사람이다. 우리 연구소뿐 아니라 다른 어느 곳에서 일하더라도 그녀는 생산성이 매우 높았을 것이다. 그녀는 집이든, 직장이든, 친구와 함께 있든 상관없이 어디서나 뭔가를 하고 싶어 했다. 아침에 일어나면 기운에 넘쳐서 이렇게 중얼거리곤 했다. "오늘 내가 꼭 해야 할 일들, 정말로 하고 싶은 일들은 뭐지? 할 일 목록에서 뭘 줄여볼까?" 실제로 그녀는 얼마나 많은 과제를 수행할지 스스로 한계를 정해야 할 정도였다. 그녀 자신도 일 욕심이 너무 많다는 것을 알고 있었다. 조안은 돈이 되는 일이든 아니든, 뭔가를 성취함으로써 큰 자극을 받는 사람이었다.

이런 그녀이기에 앞으로도 생산성은 결코 2위 아래로 떨어질 수 없었다. 조안은 자녀들이 대학에 진학하고 독립하는 시기가 가까워질수록 평화와 열정이 중요할 거라고 느끼고, 생산성(기타 활동)에 쏟는 시간을 줄여야 그 둘의 순위를 높일 수 있다는 것을 깨달았다.

열정의 순위는 이미 낮은 편은 아니었다. 현재 열정은 3위인데, 2위로 올리고 싶어 했다. 삶에서 그녀가 가장 큰 열정을 갖고 있는 것은

표 2.2 | 조안의 우선순위표

	1단계: 오늘 현재 매주 하고 있는 활동의 순위를 가장 높은 순부터 차례대로 매긴다.	2단계: 오늘부터 1년 뒤 앞으로 1년 뒤 매주 하게 될 활동의 순위를 가장 높은 순부터 차례대로 매긴다.	3단계: 차이 1단계와 2단계의 차를 계산한다.
부유함	6	6	0
사람	2	3	1
생산성(일)	1	1	0
생산성(기타 활동)	4	5	1
열정	3	2	1
평화	5	4	1

4단계: 전체 차이(3단계에서 나온 점수 차를 합산해서 총 점수 차를 구한다.)   총 점수 차=4

춤이었다. 춤은 그녀에게 종교와 같은 것이었다. 춤 수업은 무슨 일이 있어도 빠지지 않았다. 젊었을 때는 춤에 대한 열정이 최고의 우선순위였지만, 지금은 일하는 시간이 훨씬 많았다. 그래도 일이 눈앞에서 사라지면 춤을 대신할 수 있는 건 없었다.

부는 현재도 미래에도 최하위였다. 물론 돈을 싫어하지는 않았다. 다만 자신에 대해 깊이 생각해본 결과, 인생의 이 시점에서 그리고 자신이 하는 일에서도 돈이 크게 중요한 문제는 아니라는 것을 깨달았다. 스티븐은 조안이 부를 좀 더 높은 순위에 두어야 한다고 주장했다. 돈이 많으면 집안일을 다른 사람에게 맡겨서 열정을 추구할 시간을 늘릴 수 있다는 것이 그의 생각이었다. 하지만 조안은 동의하지 않았다. 자신이 백만장자와 결혼했다고 해서 직업을 갖지 않았을까? 그녀는 여전히 일 잘하는 조안이었을 것이고, 하루 일과도 크게 다르지 않을 것이다.

평화는 5위였다. 부를 추구한다면 더 생산적인 사람이 되어야 하지만 조안은 그렇게까지 하고 싶지 않았다. 평화를 위해 어느 정도는 포기를 감수할 생각이었다. 그녀에게 평화란 그물침대에 누워 책을 읽는 것이고, 정원을 가꾸는 것이고, 자연 속에 있는 것이고, 음악을 듣는 것이고, 그림을 그리는 것이다. 또 춤에서도 평화를 얻었다. 춤은 그녀의 열정이었지만, 평화이기도 했다. 여기에는 중요한 차이가 있다. 조안이 평화를 위해 하는 몇 가지 활동들은 열정과도 결부돼 있지만, 그렇다고 평화와 열정이 같은 것은 아니다. 당신이 진심으로 열정을 느끼는 일이 무엇이며, 그것들을 어떻게 삶의 우선순위로 만들지 깨닫는 것은 매우 중요하다.

조안에게 사람은 지금까지 2위였지만 앞으로는 3위로 낮춰야겠다고 생각했다. 순위를 낮춘다고 해서 중요하게 생각하지 않는 것은 아니다. 여전히 조안은 자녀들에게 헌신적이며, 사랑하는 사람들도 많다. 사람의 순위를 낮춘다고 하는 것은 친구들과 보내는 시간을 줄이겠다는 의미였다. 또한 막내까지 대학에 입학하면 아이들은 이제 예전만큼 그녀를 필요로 하지 않을 것이다. 그렇게 해서 우선순위가 높아진 다른 일들 즉 춤이나 독서, 정원 손질 등 평화를 위한 생산적인 활동 시간을 늘리기로 했다. 그녀는 친구들과 점심 먹는 시간을 한 시간 반에서 45분으로 줄이고, 2주마다 만나던 것을 4주나 6주로 늘림으로써 이미 실천에 옮기고 있었다. 표 2.2를 보면 이런 결과들을 확인할 수 있다.

조안이 얻은 4점은 그녀가 이루고 싶은 변화의 정도를 나타낸다. 그녀는 자신의 핵심 가치에 가까운 삶을 살고 있었다. 그녀의 삶에는 부자지능의 다른 요소들이 상당 부분 반영되어 있기 때문에 역시 그럴 거라고 예상은 했다. 하지만 부자지능에 관해 그토록 잘 알고 있는 조안도 테스트를 치르는 데 애를 먹었고, 자신이 한 답이 앞으로 바뀌지 않으리라 자신하지도 못했다. 어찌 보면 당연하다. 삶이 바뀌면 자연스럽게 우선순위도 바뀌기 때문이다. 대부분의 경우, 나이가 들고 사는 환경이 바뀌면 이 점수도 바뀐다. 막내가 대학에 입학해서 집을 떠나면 조안의 우선순위는 바뀔 수 있다.

테스트에서 우리 두 사람이 모두 부를 6위로 꼽은 것에 주목하자. 우리는 우리가 하는 일을 진심으로 사랑하고 있으며, 오로지 돈 때문에 일을 하지 않는다. 물론 우리 역시 돈을 좋아한다. 특히 열정을 가져다준다는 점에서 그렇다. 하지만 돈에 끌려다니지는 않는다. 풍족한 삶이란 돈 버는 일에 매달리는 삶이 아니라는 것을 명심하자. 우리는 우선순위에 따라 살고 부자지능이 발휘된 태도와 행동을 갖추었을 때 돈으로 살 수 없는 삶의 만족을 얻는다는 것을 알게 되었다. 사실 이렇게 하기란 쉽지 않다. 이상과 현실 사이에 갇혀버릴 수 있기 때문이다. 이상을 생각함과 동시에, 현실적인 가능성들을 고려할 필요는 있다.

조안도 우선순위가 명확히 구분되지 않아서 주저했다. 그녀의 열정에 부합되는 것들이 평화도 주는 것이었기 때문이다. 그래서 다른 시나리오를 통해 생각할 시간을 갖고, 자신의 선택이 앞으로의 삶에서 원하는 선택이 맞는지 확인하는 것이 중요하다. 혹은 우리처럼, 자신을 잘 아는 사람과 테스트를 같이 치러도 된다. 당신이 잊고 있거나 생각하지 못하는 것을 일깨워줄 사람으로 말이다. 아울러 이 테스트를 치를 때는 신중하게 생각할 시간과 공간적인 여유가 확보되어야 한다.

테스트를 하면서, 당신은 다음 질문에 대해 숙고하게 될 것이다.

- 나의 일상적인 활동들은 이 우선순위를 얼마나 반영하고 있는가?
- 우선순위에 더욱 충실한 삶을 위해 나는 뭔가를 얼마나 바꿀 수 있는가?

당신을 위한 테스트

이제 당신 삶의 우선순위를 파악하기 위한 테스트를 치를 차례다. 1년, 5년, 10년, 20년 전이 아니라 바로 지금의 당신에 대해 생각해야 한다는 것을 명심하자. 현재 자신의 우선순위에 대해 그리고 지금부터 1년 뒤에 바라는 우선순위에 대해 최대한 솔직해지자.

현재의 모습과 앞으로 바라는 모습의 차이가 적을수록 자신의 우선순위에 따라 살고 있다고 보면 된다. 비판하기 위한 것이 아니므로 최대한 객관적인 시각을 갖자. 가능하다면 당신을 잘 아는 사람과 함께 치르고, 자신에 대해 진실을 말하기를 두려워하지 말자. 가까운 친구나 배우자에게 현재 당신의 우선순위와 1년 뒤 당신이 바랄 것으로 예상되는 우선순위를 매겨달라고 부탁해도 좋다. 그런 뒤 당신이 한 답과 그들의 답을 비교해서 평균점을 찾은 다음 순위를 매기면 된다.

테스트에 응할 때는 반드시 현실과 이상을 구분해야 한다. 다시 말하면 이상적으로 바랄 수 있는 일과, 지금 실제로 하고 있는 일 그리고 기꺼이 하고자 하는 일을 구분해서 생각하라는 뜻이다. 당신의 생각이 너무 거창했거나 그 반대였다면, 혹은 그런 변화를 이룰 생각이 없다는 것을 깨달았다면 순위는 언제든 바꿀 수 있다. 처음에는 이상으로 시작했더라도 끝은 현실로 마무리되어야 한다.

또한 당신이 하는 행동은 대개 하나 이상의 우선순위에 동시에 속한다. 우선순위가 겹치는 경우에는 더 중요한 것을 골라야 한다. 스티븐은 업무 생산성을 통해 행복을 느낀다. 하지만 다른 사람은 그가 일을 통해 평화나 열정을 느낀다고 주장할 수도 있다. 그렇다고 그의 일이 평화나 열정의 범주에 속하는 것은 아니다. 그에게 일은 생산성에 속한다. 스티븐에게 평화를 주는 것은 하이킹과 명상이며, 영화를 보거나 새로운 것을 배울 때, 기타를 칠 때는 열정을 느낀다. 생산성만을 위한 활동, 열정만 충족시키는 경험은 매우 드물다. 당신에게 중요한 것들 몇 가지는 다양한 우선순위에 걸쳐 있을 가능성이 크다. 그러므로 그 활동의 주된 기능이 무엇인지 신중하게 고려해서 자신의 우선순위를 정해야 한다.

| 세상의 기대 따위는 잠시 내려놓으라 |

우선순위를 정할 때는 사람들이 당신에게 기대하는 것이 아니라 당신이 실제로 원하는 것이 무엇인지 신중히 생각해야 한다. 특히 여성

들은 사람을 우선순위로 정할 때 애를 먹곤 하는데, 자신을 위해서는 하지 않는 것들도 다른 사람들을 위해서는 쉽게 하는 성향 때문이다. 당신도 그렇다면 이 테스트 결과에 깜짝 놀랄지도 모른다. 당신이 다른 사람들을 잘 챙기는 편이라면, 사회적인 기대가 당신에게 어떤 영향을 미치는지 잘 생각해보라. 그런 사회적인 기대(또 당신이 시간을 쏟는 분야)는 당신이 열정과 평화, 생산성, 부유함을 추구하는 것을 어떻게 가로막고 있는가?

여성들은 대개 해야 할 집안일이 많다. 집안일이라는 게 늘 그렇듯 자잘해 보이지만 모으면 많기 때문에, 시간을 쓰는 양에 근거해 우선순위를 정한다면 잘못된 결과가 나올 수도 있다. 아직도 가사노동은 여성의 역할로 인지되고 있으며, 직장에서 정규직으로 일하는 여성도 집에 오면 부엌 바닥을 닦아야 한다. 누군가 해야 할 일인데 자신이 아니라면 누가 한단 말인가? 통계에 따르면 직장을 다니든 아니든, 여성이 집안일을 하는 시간은 남성보다 훨씬 길다. 사회는 여성에게 집안 청소 같은 기타 활동의 생산성을 갖추기를 바라고, 그 기대에 부응해서 사는 여성은 자신이 진짜 원하는 것보다 생산성을 더 높은 순위에 매길 수도 있다.

남성들도 나름의 고충이 있다. 여기 한 남자가 있다. 그는 부동산 업계에서 일하지만 사실은 조각가나 작가, 멋진 가구 제작자가 되고 싶다는 비밀스런 열망이 있다. 하지만 자기 어깨에 얹힌 사회적 기대 때문에 그 마음을 억누르고 잊으려고 애쓴다. 그러다 보면 그 사람은 결국 깊은 슬픔에 빠지거나 인생을 덧없게 느낄 수도 있다.

이제는 당신이 진정으로 바라는 것을 드러내고, 아무런 비판 없이 있는 그대로의 자신을 인정할 때다. 자문해보자. '이것을 우선순위로 정한 것은 나에 대한 다른 사람들의 기대 때문인가, 아니면 내 마음 깊숙한 곳에서부터 진심으로 원하기 때문인가?' 하루를 마칠 때, 바쁘게 일했음에도 공허한 기분이 드는가? 그렇다면 자신에게 솔직해지자. 아직 당신의 바람을 사람들에게 알리거나 그에 따라 행동할 준비가 되지 않았다고 해도 말이다.

| 배우자의 성향은 부자지능에 어떤 영향을 미칠까? |

결혼했거나 결혼을 약속한 사람이 있는가? 그렇다면 당신의 부자지능은 당신만의 문제가 아니다. 배우자나 연인의 부자지능지수 그리고 돈을 쓰고, 절약하고, 공유하는 습관은 당신에게도 영향을 미친다. 물론 그 반대도 마찬가지다.

사람들은 각기 다른 이유로 상대방에게 끌린다. 흔히 우리는 자신과 비슷한 부자지능지수를 가진 사람에게 매력을 느낄 때가 많다. 사람은 돈을 다루는 방식이 같은 사람과 있을 때 편안해한다. 그런 사람과 결혼하거나 연인이 되면 안정감을 얻을 수 있다. 돈에 대한 생각이 일치하는 부부는, 자신이 중시하는 가치와 인생의 목표가 합치되었다고 느낀다. 하지만 그런 부부는 취약점도 서로 같다. 소비하거나 절약할 때 특정 패턴에 갇힐 확률이 높고, 겉보기에 정상적일지 몰라도 속으로는 문제가 곪아 있을 가능성이 크다. 이들은 균형감을 찾는 것을 더 어려워한다. 대안이 될 다른 관점을 제시해줄 사람이 없기 때문이다.

이와 반대로 완전히 다른 사람끼리 결혼할 수도 있다. 사람은 돈이든 사랑이든, 자신과 정반대되는 사람에게 끌릴 수 있는 일 아닌가. 부부 중 한 사람은 돈을 쓰고 한 사람은 절약하는 입장이라면 재무 상태에 대한 합의점을 찾아야 한다. 어떤 부부들에게는 이런 관계가 매우 효과적이다. 두 사람 모두 용납할 수 있는 생활방식과 예산에 합의하고 각자의 차이를 존중한다면 탄탄한 부부 관계를 유지할 수 있다. 그리고 문제가 생겼을 때 서로를 통해서, 돈에 대한 견해가 같은 부부보다 대안을 찾기도 더 쉽다.

그러나 어떤 부부들에게는 '정반대의 사람에게 끌렸던 환상'이 역효과를 낳기도 한다. 한 사람은 쓰고 한 사람은 아끼는 부부 관계를 생각해보자. 돈을 쓰는 사람은 아끼는 사람으로부터 계속 잔소리를 듣고 행동의 제약을 당하기 때문에 결국 폭발하게 될 것이다. 아끼는 사람은 또 얼마나 답답하겠는가? 자신의 배우자가 돈 문제에 성숙하지 못하고 충동적이라는 생각을 떨치지 못하다가 결국 상대를 참아내지 못하게 될 것이다. 이런 문제가 제대로 해결되지 않으면 경제관념의 차이 때문에 부부 관계가 파탄에 이를 수도 있다. 다른 부분에는 아무 문제가 없더라도 말이다.

부부에게 재정관은 아주 중요한 문제다. 그러므로 부부가 함께 우선순위표를 작성하고 그 결과를 비교해볼 것을 권한다. 각자의 가치관을 분명히 이해하면, 공통된 가치를 확인하고 더 나은 행동 계획을 세울 수 있을 것이다.

이제 당신의 우선순위표를 작성할 시간이다.

A부분 : 우선순위

부자지능지수를 보면 당신의 우선순위가 무엇이며 어떠한 태도, 행동방식을 갖고 있으며, 재정적 효율성이 얼마나 높은지를 알 수 있다. 현재 당신이 갖고 있는 강점과 약점이 명확히 드러나고, 당신의 일상이 얼마나 풍족한 상태인지 이해하는 데도 도움이 될 것이다.

테스트의 첫 단계는 현재 삶에서 우선순위가 무엇이며, 앞으로 당신이 바라는 삶에서의 우선순위가 무엇인지 확인하는 것이다. 부자지능의 우선순위에 무엇이 있는지 다시 점검해보자.

- 부유함 : 당신의 필요와 욕구를 채우기에 충분한 돈을 벌고 관리하는 것
- 사람 : 가족, 친구, 동료 등과 중요한 사회적 관계를 맺고 유지하는 것
- 생산성(일적인 차원) : 생계를 위한 활동을 하는 것
- 생산성(기타 활동) : 돈에 상관없이 직업 외의 활동을 하는 것
- 열정 : 삶에 흥분과 기쁨을 가져다주는 것
- 평화 : 충만함과 만족감, 평정심을 가질 수 있는 일을 하는 것

오늘 그리고 앞으로 1년 동안 하게 될 평균적인 주간 활동을 바탕으로 우선순위를 매겨보자. 이로써 오늘과 1년 뒤의 상황에 어떤 차이와 변화가 있을지 한눈에 확인할 수 있다.

표 2.3 | 당신의 우선순위표

	1단계: 오늘 현재 매주 하고 있는 활동의 순위를 가장 높은 순부터 차례대로 매긴다.	2단계: 오늘부터 1년 뒤 앞으로 1년 뒤 매주 하게 될 활동의 순위를 가장 높은 순부터 차례대로 매긴다.	3단계: 차이 1단계와 2단계의 차를 계산한다.
부유함			
사람			
생산성(일)			
생산성(기타 활동)			
열정			
평화			

4단계: 전체 차이(**3단계에서 나온 점수 차를 합산해서 총 점수 차를 구한다.**)　　　　　　총 점수 차= _____

당신의 우선순위 점수

0~2점 차이	40점
3~5점 차이	35점
6~8점 차이	30점
9~11점 차이	25점
12~13점 차이	20점
14점 이상 차이	15점

A 부분 총점: _____ 점

(이 점수를 193쪽에 적용하면 당신의 부자지능지수를 구할 수 있다.)

3장

풍요함을 낳는 행동방식과 태도

Behaviors and Attitudes of the Affluent

부자지능을 발휘하는 사람들은 그렇지 못한 사람들과 행동하는 방식이 매우 다르다. 물론 풍족한 사람이라고 완벽한 것은 아니지만, 적어도 그들은 금전적인 안정과 행복을 얻기 위해 어떤 태도와 행동방식을 취해야 하는지 알고 있었다.

행동방식:
언제 어디서든 꿈을 향해 나아간다

다음에서 설명하는 행동들에 대해서는 이미 당신도 많이 들어보았을 것이다. 그러나 부자지능을 키우기 위해서는 그저 아는 것만으로는 부족하다. 자신이 갖추지 않은 항목은 계발하고, 이미 갖춘 덕목은 더욱 완벽하게 실천하려고 노력해보자.

| 실수하거나 실패해도 곧 다시 회복한다 |

부자지능이 있는 사람들에게는 '회복탄력성'이라 불리는 회복력이 있다. 사람은 누구나 실수와 실패를 한다. 자신이 바라는 대로 일이 되지 않을 때, 부자지능이 있는 사람들도 잠깐은 낙담한다. 하지만 좌절에 빠지지 않고 곧 기운을 회복한다. 그들은 포기하는 법이 없다. 야구선수들처럼, 삼진 아웃을 아무리 많이 당해도 계속 타석에 나가서 결국에는 홈런을 쳐낸다. 펜실베이니아 대학 연구팀에 따르면, 회복력은 성공과 행복의 필수 조건이라고 한다. 부모 노릇을 할 때든, 공부할 때든, 일에서 생산성을 발휘할 때든, 운동선수로서 최고의 기량을 발휘할 때든 예외가 없다.

힘든 상황을 극복해낸 좋은 예로 앞서 소개한 샬린이 있다. 그녀처럼 끔찍한 성장과정을 거쳤다면 어떤 사람은 이렇게 말했을지도 모른다. "사는 게 정말 지긋지긋해! 나는 아동학대와 가정폭력 때문에 만신창이가 됐어. 내가 포기한다고 누가 뭐라겠어?" 하지만 샬린은 지칠 줄 모르는 에너지로 계속 앞을 향해 나아갔다. 그녀는 회복력을 발휘해서 역경을 딛고 일어섰다.

그렇다고 해서 그녀가 자신의 감정을 묵살하는 것은 아니다. 일이 잘못될 때는 화를 내고, 슬퍼하고, 좌절한다. 그녀는 시련을 좋아하지도 않지만, 시련이 자신을 무너뜨리게 내버려두지도 않는다. 그 예로, 샬린은 비만 수술을 받고 줄어든 체중을 유지하기 위해 엄청나게 노력하고 있다. 하지만 여전히 사람들의 부정적인 시선과 내면의 자책감으로 고통받고 있다. 건강도 심각한 상태여서 생명이 위험할 때도 있었다. 이런 모든 상황에 그녀가 지쳤을까? 그렇지 않다. 샬린은 포기하는 대신 벌떡 일어나 꿋꿋이 살아가고 있다.

회복력은 갈등을 해결할 때, 일에 차질이 생겨 재빨리 변화해야 할 때 매우 긴요하다. 부자지능이 있는 사람들은 시행착오를 통해 배운다. 그들은 시간을 낭비하지도 않고, 꼼짝 못할 상황에 갇히지도 않고, 실수를 피해보겠다고 지나치게 멀리 둘러서 가지도 않는다. 얼마 전에 한 고객은 우리에게 이렇게 말했다. "저는 저만의 모습을 고집하지 않습니다." 더 좋은 방법이 있는데 자신의 방식을 고집할 이유가 없다는 것이다. 부자지능이 있는 사람은 '힘든 상황에 잘 적응하고', 역경을 도전으로 받아들이며, 뭔가를 배울 수 있는 경험으로 바꾸어놓는다.

회복력이 있는 사람들과 함께 일하면서, 우리는 그들이 보이는 몇 가지 특성에 주목하게 되었다. 회복력의 대표적인 세 가지 특징을 꼽아보자면 다음과 같다.

손을 뗄 때를 안다

언젠가 한 고객이 이렇게 말한 적 있다. "저는 일을 성공시키기 위해서라면 벽이라도 뚫고 나갈 겁니다." 하지만 그는 끝내야 할 때도 잘 알았다. 자신이 무턱대고 벽에다 머리만 쿵쿵 찧고 있는지, 아니면 벽을 무너뜨리고 앞으로 나아가고 있는지 파악하는 능력은 매우 중요하다. 부자지능이 있는 사람들은 자신에게 선택권이 있다는 것을 알고, 때로는 멈추는 것이 최선의 선택이라는 것도 안다. 그들은 거절이나 실패에 침착하게 대처하면서도, 세상이 피드백을 해주면 놓치지 않고 받아들인다. 설령 그 피드백이 당장 멈추라고 하는 것이어도 말이다.

우리는 고객들에게서 이런 변화를 숱하게 목격했다. 어느 순간 고객들의 뇌가 멈추는 것이 실제로 보이는 것 같다. 그들은 멈추고, 생각한 다음, 고개를 들고 이렇게 말한다. "그래, 이 방법은 잘 안 되는군. 이건 포기해야겠어." 그렇다고 해서 그들이 아무 노력도 하지 않고 또 아무 고통이나 실망도 느끼지 않고 그런 결정을 내린다는 말은 아니다. 그들은 이렇게 한다. "나는 피해의식에 사로잡히고 싶지 않아요. 아무것도 할 수 없이 덫에 갇힌 기분도 싫습니다." 그리고 이렇게 덧붙인다. "지금 나는 덫에 걸린 기분이지만 빠져나갈 열쇠를 갖고 있어요." 우리는 그들이 그 열쇠를 이용해 자신을 가로막고 있는 상황에서 벗어나는 것을 수도 없이 봤다.

자신에게 도움이 되지 않거나 진전이 없는 상황에서 자발적으로 손을 떼는 것과, 단지 힘들다는 이유로 포기하는 것은 완전히 다르다.

전자는 자율적이지만 후자는 그렇지 않다.

예를 들어보자. 부동산 투자자인 버클리는, 일이 본격적으로 시작되기 전에 긴 개발 단계를 거쳐야 하는 프로젝트에 돈과 시간을 쏟아붓곤 한다. 그동안 그는 건축가, 엔지니어, 지역 단체, 규제 기관, 다른 투자자들을 규합해서 일을 진행시킨다. 또 그들을 단합시키는 데 장애가 되는 것들을 극복하고 늘 긍정적인 모습을 보여주기 위해 엄청난 에너지를 소모한다. 과정이 워낙 복잡하기 때문에, 공사가 시작되기 전에 프로젝트가 중단되는 경우도 종종 생긴다. 그는 매사에 열심히 노력하지만, 자신의 말처럼 '멈춰야 할 때'가 생기면 추진하던 일을 그만두고 바로 다른 기회로 관심을 돌린다. 그는 아무리 노력해도 꼭 성공할 수 있는 것은 아니며, 실패도 자기가 선택한 일의 일부임을 알고 있다. 버클리는 자신이 모든 과정을 주도하면서, 의식적으로 중단하겠다는 선택을 하는 것이다.

반면 실패가 눈에 보이는데도 자신이 쏟은 시간과 노력이 아까워 손을 떼지 못하는 경우도 있다. 아마도 그런 미련에서 자유롭지 못한 사람이 대다수일 것이다. 쇼핑몰에 병원 체인을 내고 싶어 한 치과의사가 있었다. 그는 다른 치과의사 겸 투자자 두 명과 함께 쇼핑몰 서너 군데에 병원을 개업했다. 첫해에는 장래성이 있어 보였다. 그래서 사업을 확대하려고 했지만 자본금을 마련할 수 없었다. 그뿐 아니라 어떤 기업이 비슷한 전략으로 사업에 뛰어들더니 TV 광고까지 냈다. 급기야 동업자 한 사람이 그만두었다. 하지만 그는 포기하고 싶지 않았다. 집을 담보로 대출을 받아 사업 자금을 마련했다. 은퇴 후 받게 될 저축액의 절반에 해당하는 금액이었다. 3년째가 되자 수익이 떨어지기 시작했다. 그는 두 배나 열심히 일했지만 돈은 혼자 개업했을 때 정도밖에 벌지 못했다. 동업자는 병원을 매각하자고 했지만 우리 고객은 거절했다. 그는 '단지 시간문제일 뿐이야… 이왕 팔려면 더 큰 기업에 팔 수도 있고 아님 우리끼리라도 관심을 받게 만들 수 있어'라고 생각했다. 자신의 의료기술에 확신을 갖는 것은 좋았지만, 그의 자존감이 얼마나 위태로운 상태인지 인식하지 못하는 것은 안타까웠다. 대출금 때문에 그나마 남아 있던 저축금마저 없어질 위기에 처하자 그의 아내는 더 이상 참을 수가 없었다. 아내가 떠나고 나서야 그는 상황을 제대로 판단할 수 있었다.

낡은 과거를 실제로 떨쳐버릴 수 있다

지난 몇십 년 동안 정신 치료에 대한 부정적인 선입견은 상당히 사라졌다. '미친 사람' 취급하던 과거를 떠올려보면 대단한 변화다. 하지만 부작용도 있다. 정신 치료에 대한 인식이 가벼워진 탓에, 많은 사람들이 치유 과정에서 배운 것을 실천하지 않고 곧바로 삶에 뛰어드는 우를 범하는 것이다. 그들은 무엇이 문제였는지 알아내는 데만 치중하고 그다음 단계에는 관심을 갖지 않는다.

중요한 것은 바로 '변화'다. 문제를 인지하는 것을 넘어서서 행동으로 옮기는 것을 정신 분석가들은 '훈습working through'이라 부른다. 알게 된 것(심리적 인식)을 실제 생활에 적용한다는 뜻이다. 다시 말하면, 자신이 주도적으로 나서서 자아에 대한 개념과 행동에 변화를 일으키는 것이다. 약물 중독이든, 어린 시절에 받은 학대든, 비만이든, 자신의 문제를 해결하려면 근본적인 원인을 정확히 파악해야 할 뿐 아니라 어느 정도 용인한 다음 깨끗이 떨쳐버려야 한다.

떨쳐버린다는 것은 문제를 정확히 이해하고, 죄책감에서 벗어난다는 의미다. 그리고 회복함으로써 그 문제가 평생 지속되지 않게 만드는 것이다. 정서적으로 복잡한 문제로부터 완전히 자유로워진다는 뜻은 아니다. 단, 문제를 계속 되새기는 대신 그런 경험을 통해 교훈을 얻고 새로운 길을 계획하라는 뜻이다. 우리가 즐겨 쓰는 표현대로라면 '자료는 입력되었고 충분히 이해도 했다. 이제 배운 것을 새로운 경험에 활용해야 할 때다.'

배우자를 찾는 데 좌절을 느끼는 한 남자가 있다. 그는 자신이 그렇게 된 것이 사사건건 어머니의 통제를 받으며 자랐던 경험과 무관하지 않다는 것을 알고 있다. 그 사람은 스스로를 '상처 입은 채 걸어 다니는 독신남'으로 규정하며, 결혼이라는 약속에 대해 양가감정을 지닌 채 평생을 보낼 수도 있다. 하지만 그도 부자지능의 일부인 회복력을 발휘한다면, 자신이 사람을 대하는 방식과 자기 자신에 대해 알게 된 것을 통해 여성을 대하는 방식을 바꿀 수 있다. 또 그렇게 되면 과거를 되풀이하지 않고 상대방과 더욱 깊이 있는 관계를 맺을 수 있다.

잘못을 통해 기꺼이 배우려 한다

우리 고객인 데니스는 불안증 문제가 있었다. 그 때문에 직장에서 실수까지 하게 되자, 결국 우리를 찾아와 불안감을 줄이고 싶다며 도움을 요청했다.

데니스와 이야기를 나누면서 우리는 가끔 그가 술을 지나치게 많이 마신다는 사실을 알게 되었다. 한바탕 술을 마신 다음 날이면 토할 것 같거나 어지러운 기분을 느꼈고, 몹시 불안해했다. 그는 자신의 건강을 염려했다. 우리는 그에게 일단 의사의 진찰을 받게 했다. 이 간단한 절차만으로도 그는 술 마시는 횟수를 줄이기로 결심했고 곧바로 실천에 옮겼다.

데니스는 자신이 잘못하고 있다는 것을 알고 있었다. 그는 자신에게 문제가 있다는 것을 부인하지 않았고, 방어적인 태도를 취하지도 않았다. 잘못을 통해 기꺼이 배우려고 했고 그에 따라 변화하기 위해 노력했다.

실수를 통해서도 기꺼이 배우고자 한다면, 배움을 핵심 가치로 여기고 있는 것이다. 그런 사람은 심각한 개인적인 문제를 인정하는 것이든, 자신의 결정이 효과가 없음을 인정하는 것이든 상관하지 않는다. 부자지능이 있는 사람은 방어적인 모습을 보이거나 체면을 지키는 데 급급하지 않고, 뭔가를 배우거나 잘못을 고치는 과정을 가치 있게 여긴다.

| 자기 생각을 표현한다 |

부자지능을 발휘하는 사람은 자신이 원하는 것을 알고, 자신이 원하는 것을 말하고, 자신이 원하는 것에 따라 행동한다. 그들은 솔직한 태도로, 미안해하는 기색 없이 말한다. 그리고 정중하지만 단호하게 자신의 권리를 요구한다. 상대방이 거절할 거라 예상되는 상황이라도 당당함을 잃지 않는다. 그들은 자기가 바라는 것을 분명하게 밝혀야 그것을 얻을 수 있다는 사실을 알고 있다.

자기표현을 할 줄 아는 사람에게는 건강한 권리의식이 있다. 자신이 그만 한 대접을 받을 자격이 충분하다고 여길 만큼 자존감이 높다. 레스토랑에서 고기가 너무 안 익었다며 스테이크를 다시 해달라고 하거나, 약속받은 대로 호텔 요금을 할인해달라고 요구할 줄 아는 사람은 자신이 사람들에게 받아야 할 대접에 대해(자신이 남들을 대접할 때도 물론) 합리적이고 건강한 기대치를 갖고 있다. 반면 건강하지 못한 권리의식은 종종 공격적인 행동으로 표출되는데 이것은 자기표현과는 완전히 다르다. 공격적이고 이기적인 행동은 부자지능과는 전혀 무관하다.

자기를 표현하는 일이 늘 쉽지는 않다. 우리 고객 중 한 명은 이렇게 말했다. "저는 직장에서 좋은 기회가 생기면 1년 정도 외국에 나가서 살고 싶어요. 아내에게 이 얘기를 하기 위해 정말 큰 용기를 내야 했습니다. 잘되지 않을 거라는 걸 알고 있었고 우리 부부 사이에 문제가 생길까 봐 걱정되었기 때문이죠."

하지만 그는 용기를 냈다. 그리고 그냥 이렇게 말했다고 한다.

"나는 1년 동안 외국에 나가서 사는 걸 고려 중이야. 그리고 당신이 내 뜻을 이해해주었으면 좋겠어. 난 행복해지길 원해. 내가 바라는 것과 당신의 생각이 같지 않을 수도 있어. 그래서 말해야 한다고 생각했지. 당신과 함께 잘해볼 수 있도록 말이야."

그는 자신이 원하는 것과 이유를 분명하게 말했다. 걱정과 달리 아내도 그를 지지해주었다. 그는 자신의 뜻을 표현하면서 아내의 생각도 존중하고 있음을 느끼게 해주었다. 그리고 끝도 없는 힘겨루기를 하는 대신 부부 관계를 더욱 굳건히 하는 방향으로 결정하고 싶어 했다.

누군가에게 당신의 생각을 밝히면 상대방이 불쾌해하거나 싸우려 드는 경우도 있다. 그렇다고 단념해서는 안 된다. 당신이 뭔가를 요구했을 때 일어날 수 있는 최악의 상황은 거절당하는 것이다. 하지만 일단 요구하면 원하는 것을 얻을 기회도 함께 생긴다. 요구하지 않으면 기회조차 얻을 수 없다. 무언가를 얻고 싶다면, 사람들이 당신의 말에 더 귀를 기울이게 만들어야 한다.

자기표현력을 기르려면 연습이 필요하다. 하지만 부자지능을 발휘하고, 소신 있게 자기주장을 펼친다면 엄청난 결과를 얻을 수 있다. 자기를 표현하는 것은 다른 사람의 권리를 존중하면서 자신의 권리도 지키기 위한 행동이다. 또 단순히 자신의 권리를 표현하는 것을 넘어서, 솔직하고 열린 대화를 더 많이 함으로써 자신은 물론 자신이 맺고 있는 인간관계에도 이득이 된다.

집에서든 직장에서든, 대인관계가 효율적이라는 것은 다른 사람과의 상호작용이 성공적이라는 의미다. 그런 사람은 타인의 감정을 잘 헤아릴 뿐 아니라 자신의 감정도 잘 전달한다. 대니얼 골먼Daniel Goleman이 말한 것처럼, 부자지능이 있는 사람은 효율적인 대인관계를 위해 감성 지능Emotional Intelligence을 활용한다.

회사에서 대인관계가 효율적이면 동료들과의 협조가 더욱 잘 이루어져서 원하는 성과를 거둘 수 있다. 집에서라면 행복한 결혼 생활을 유지할 수 있으며 아이들, 친구들과 좋은 관계를 맺을 수 있다. 부자지능이 있는 사람은 팀워크를 중시하며, 팀워크의 힘을 이용해서 자신의 목표와 공동의 목표에 도달한다. 성실하고 의지가 강한 사람은 성공할 수 있다. 하지만 다른 사람들과 좋은 관계를 맺을 수 있는 사람은 로켓을 타고 날아가 더욱 원대한 꿈을 이룰 수 있다.

기업가는 자기중심적이며 독단적으로 행동한다는 통념과 달리, 우리 고객들 대부분은 놀랄 만큼 뛰어난 팀 조직자이고, 팀 리더이며, 팀원들이다. 한 가지 역할에서만이 아니라 모든 역할에서 그렇다. 대인관계 능력을 발휘하면 감성 지능과 사회적인 신뢰도, 사교적 효율성 모두 100% 가동될 수 있다.

부자지능이 있는 사람이 대인관계 능력을 발휘한다는 것은 자신의 감성 지능을 작동시킨다는 뜻이다. 그렇게 함으로써 그들은 개인적,

직업적인 인간관계를 발전시키고 더 좋은 결과를 얻기 위해 끊임없이 노력한다.

| 목표를 향해 항상 노력한다 |

부자지능이 있는 사람은 실상 부자가 되는 것을 중요하게 생각하지 않는다. 그보다는 과정 자체를 즐긴다. 금전적 목표보다는 풍요로운 삶을 이루기 위한 전략을 세우는 데 집중한다.

앞서 소개했던 에이미가 그 경우다. 그녀의 목표는 선진적인 아이디어와 문화를 접하고 배우는 것 그리고 업계 및 문화 단체의 거물들과 교류하는 것이었다. 그러기 위해서는 돈이 필요했지만, 돈은 수단일 뿐 목표는 아니었다. 그녀의 성격과 에너지, 삶에 대한 열의도 자신의 목표를 이루고, 돈을 벌고, 즐겁게 살기 위해 쓸 수 있는 수단들이었다.

목표를 이루기 위한 전략이나 사명서는 누구라도 말하고 작성할 수 있다. 중요한 것은 구체적으로 행동하고, 자신이 하겠다고 말한 것을 실천하는 일이다. 부자지능이 있는 사람인지 아니면 목표를 이루겠다고 말만 늘어놓는 사람인지 구분하는 것은 쉽다. 우리 주변에는 살을 뺄 거라고 말하는 사람들이 많다. 그들이 "저는 정말 10kg은 빼야 해요. 하지만 초콜릿 케이크를 너무나도 좋아해서요"라고 말하거나 "저는 올해 말까지 10kg을 뺄 거예요. 인스턴트 음식은 다 버리고 개인 트레이너도 고용할 겁니다"라고 말하는 걸 들어보면 자신이 한 약속을 얼마나 실천할지 판단할 수 있다.

부자지능이 있는 사람들은 열심히 노력해서 목표를 완수한다. 굳이 일하지 않아도 될 만큼 부유한 경우라도, 일할 필요가 없어질 때까지 아주, 아주 열심히 일한다. 열심히 일해도 풍족해지지 않을 수는 있다 (저임금 노동자들은 대개 그렇다). 하지만 열심히 일하지 않고 풍족해지기란 거의 불가능하다. 어마어마한 재산을 물려받지 않는 이상 말이다. 목표 달성에 필요한 계획을 세우고 시간을 투자하는 것의 위력은 새삼 설명하지 않아도 알 것이다.

부자지능을 발휘하지 못하는 사람들은 성실한 노력의 가치를 잘 인정하지 않는다. 그들은 부자들을 보면 이렇게 말하곤 한다. "운이 좋았을 거야." 물론 부자들은 자신이 운이 좋았음을 솔직히 인정한다. 하지만 운만으로는 진정한 풍족함을 얻을 수 없다. 가전제품 사업으로 성공한 하워드를 보라. 그는 회사에서도 많은 시간 일했지만 지역사회 활동에 더 많은 시간을 투자함으로써 자신의 사업을 간접적으로 홍보하고 지원했다. 그는 그렇게 하는 것이 즐겁기도 했지만, 그런 일들이 자신의 부를 유지하고 키우는 데 얼마나 중요한지도 알고 있었다.

이때 중요한 자질은 끈기다. 부자지능이 있는 사람은 한번 목표를 정하면 어떤 위험을 겪더라도 원하는 것을 이룰 때까지 멈추지 않는다. 그들은 다른 사람이라면 포기했을 시점을 넘어서 끈질기게 나아간다. 그들에게는 목표를 이룰 때까지 고집스러울 만큼 일에 매달리는 능력이 있다.

판촉 전화를 91번 한 영업사원이 있다고 치자. 그는 90번 거절당한 뒤 91번째가 되어서야 겨우 "예스"라는 답을 들었다. 그는 그 한 번의 "예스"라는 말을 듣기 위해 포기하지 않고 계속했다. 몇 번 거절당했다고 포기해버리면 "예스"라는 대답은 절대 듣지 못한다는 것을 알고 있었던 것이다. 그런 사람은 힘든 일도 마다하지 않으며, 어려움이 닥쳐도 그만두지 않는다. 하겠다고 약속한 일('요리를 배울 거야' 등)은 꼭 지킨다. 자기가 하겠다고 말한 것은 반드시 한다. 이것은 온갖 위험신호를 무시하고 잘못된 길로 가는 비정상적인 고집과는 완전히 다르다. 부자지능이 있는 사람들은 동양고전 《주역》에서 우리가 가장 좋아하는 글귀에 맞게 산다. 바로 "바르게 하면 이롭다"는 것이다.

태도: 스스로 가능성을 열어나간다

태도는 자기 자신과 타인에 대한 그리고 살면서 겪게 되는 여러 상황들에 대한 긍정적이거나 부정적인 기분, 믿음, 성향을 바탕으로 형성된다.

| 역경 앞에서도 낙관주의를 잃지 않는다 |

부자지능이 있는 사람들은 어떤 상황에서도 자신이 성공할 것이며, 최선의 결과를 얻을 거라고 믿는다. 결혼 생활에 실패하거나 부도 위기로 괴로워할 때조차 현실 자체를 비관하지는 않는다. 낙관적인 태도가 더 좋은 결과를 불러온다는 사실을 알기 때문이다.

타고난 낙관주의자라면 좋겠지만 자신이 그렇지 않다고 해서 실망하지는 말자. 풍족한 사람들도 늘 행복한 기분으로 잠에서 깨는 것은 아니며, 날마다 낙관적이지도 않다. 하지만 최악의 경우를 떠올리기보다는 긍정적으로 생각하기 위해 애쓴다. 낙관적인 태도는 배울 수 있다.

단, 무조건적인 낙관주의는 조심해야 한다. 낙관적 사고에 심리학자들이 말하는 '현실 검증 reality testing' 능력이 결합돼야 부자지능을 발현시킬 수 있다. 현실 검증 능력이란 현실과 환상을 구분하는 능력이다. 낙관적 사고가 지나치면, 구체적이고 긍정적인 결과를 기대하기 어렵다. 현실에서도 장밋빛 안경을 벗지 않는 사람들은 결국 아무런 성과도 거두지 못한다. 가장 이상적인 것은, 현실과 이상 중 어떤 것도 과하게 제한하거나 깎아내리지 않고 최고의 절충안을 이끌어내는 것이다.

티모시는 벤처 사업 투자가로 크게 성공한 사람이었다. 그는 들어가야 할 때와 나와야 할 때를 정확히 알기로 유명했다. 미국 코네티컷

주 그리니치에 있는 그의 멋진 집에서 아름다운 빛으로 물들어가는 정원을 바라보았던 일이 기억난다. 그때 티모시는 암스테르담에서 자신이 벌이려는 사업에 대해 이야기하고 있었다. 그에게 물었다.

"이게 옳은 일이라는 걸 어떻게 아시죠? 당신은 이런 모험에 전문가라고 들었습니다. 비결이 무엇인가요?"

그러자 티모시가 몸을 앞으로 숙이며 대답했다.

"보십시오. 사람들은 모두 제가 거둔 한두 개의 큰 성공에만 관심을 갖습니다. 제가 했던 수십 개의 잘못된 선택들에는 관심이 없죠. 일을 할 때, 저는 분석하는 단계에 특히 신중을 기합니다. 저를 도와줄 최고의 사람들도 곁에 두고 있죠. 저는 언제나 낙관적인 시각으로 가능성을 봅니다. 그리고 고문단에게는 제 생각을 비판하게 하지요. 우리는 세부적인 내용을 꼼꼼히 살피고 결판이 날 때까지 싸우기도 하지만, 결정을 내리지는 않습니다. 다음 날 아침에 일어나 그 거래에 대해 어떤 기분이 드는지 확인한 다음에야 드디어 결정을 하죠. 오랜 세월 이런 과정을 거치면서, 저는 경기에 계속 나갈 수 있을 만큼 제 타율이 괜찮다는 것을 알게 되었습니다. 그리고 지금까지 운도 좋았죠. 이곳을 보세요. 저는 행복한 삶을 얻었고, 감사하며 살고 있습니다. 하지만 역경 앞에서 긍정적일 수 없는 사람들이 할 게임은 아니지요."

낙관주의에는 긍정적인 결과를 얻을 수 있다는 믿음과 희망이 담겨 있다. 계획했던 일이 어긋난 상황이라도 그렇다. 가끔은 최고의 계획들도 막힐 때가 있다. 우리에게 영향을 미치는 외부 요인들을 모두 통제할 수는 없다. 하지만 그런 요인들을 어떻게 극복할지 결정할 수는 있다.

마흔 살인 스탠은 10년 이상 일했던 직장을 잃었다. 자신은 회사에 꼭 필요한 사람이라서 해고될 일은 없다고 안심하고 있었지만 회사가 규모를 축소하면서 그도 나오게 된 것이다. 약간의 저축금만으로 가족을 먹여 살릴 생각을 하니 아득했다. 처음 한 달 동안 스탠은 충격에 빠져 있었고, 마음에 상처를 입었고, 화가 나 있었다. 그 뒤 몇 달 동안 비슷한 직장을 알아보았지만 마땅한 자리를 찾지 못하자 안절부절못하다가 우울증에 빠졌다.

그러나 우리와 상담하면서 그는 분노 때문에 삶에 대한 대비를 소홀히 하면 안 된다는 사실을 깨달았다. 그는 좌절과 실망에서 벗어나, 타고난 낙관주의와 미래에 대한 희망을 재발견했다. 그리고 자신의 업무가 점차 회사 내부에서 처리하기보다 아웃소싱하는 쪽으로 전환되는 추세여서 자신이 구조조정되었다는 것을 깨닫고, 프리랜서로 새출발하기로 결심했다.

현명한 판단이었다. 그는 두 군데에서 계약직으로 일하기 시작했고, 2년 뒤에는 자신이 계약직 두 명을 두고 일하게 되었다. 5년도 안 돼서 사업이 번창하자 그는 예전에 정규직으로 일했을 때보다 훨씬 많은 돈을 벌어들였다.

위험을 감수하는 태도

낙관주의적 태도를 가진 사람은 위험한 일에 뛰어들 때 실패를 두려워하지 않는다. 대신 가능성에 집중한다. 성공한 사람들은 이런 말을 한다. "몇 번 실패했지만 괜찮아!" 그들은 실패를 기분 나쁘게 받아들이지 않고, 그 때문에 자신을 망치는 일도 없다. 자신이 피해자가 아니라, 계속 배워서 발전할 수 있는 사람이라고 생각한다.

실패하거나 창피를 당할까 봐 혹은 못난 사람으로 보일까 봐 걱정한 나머지 해볼 만한 모험조차 감수하지 않는 사람들이 많다. 가능성이 계산된 위험은, 아무것도 모른 채 눈 가리고 하는 게임과는 전혀 다르다. 우리는 계산된 위험들을 감수함으로써 끊임없이 새로운 기회를 얻을 수 있다.

많은 사람들이 안정을 바라는 것처럼, 성공한 기업가들은 모험을 바란다. 그들은 자신의 능력으로 위험을 감수하고 현실을 주도해나갈 기회를 찾고 싶어 한다. 계산된 위험에 도전하면서 배우기를 좋아하고, 그 경험을 통해 다음 단계로 올라가는 밑바탕을 다진다. 또한 현실에 충실하고, 쓸데없는 고민에 빠져 있지 않으며, 용기를 내서 앞으로 나아간다. 다른 사람 같으면 할지 말지 여전히 고민하고 있을 시간에 그들은 움직인다.

가업으로 내려온 철물점을 운영하던 브라이언은 자기 상점에 온 사람들이 대형 약국에서처럼 물건을 한꺼번에 여러 개씩 사 가는 것을 보았다. 하나를 사러 왔다가 세 개를 사 들고 나가는 것이다. 오래된 상점을 둘러보면서 브라이언은 자신이 뭔가 더 잘할 수 있겠다는 생각이 들었다. 그는 모험을 감행하기로 했다. 브라이언은 거액을 대출받아 신개념 벤처사업을 시작했다. 즉 대형 약국처럼 인테리어를 바꾸고 백화점에서나 파는 가전제품과 가구까지 비치해둔 것이다. 모험은 성공적이었다. 1년도 안 돼서 파는 물건들의 종류가 늘어났고, 3년 만에 철물 외 상품의 매출이 총 매출의 70%에 이르렀다.

브라이언은 기뻤지만 아직 만족할 수 없었다. 더 빨리 성장하지 않으면 다른 기업이 끼어들어 자기 가게를 밀어낼 수도 있었다. 그래서 그는 다시 상당 금액을 대출받아서 상점을 세 군데로 확장하는 모험을 했다. 7년 뒤 그가 은퇴할 즈음에는 상점이 어엿한 체인으로 확장되었다.

| 열린 마음과 호기심으로 세상을 본다 |

부자지능이 있는 사람들은 세상에 대해 호기심이 많다. 그들은 늘 배울 것을 찾으며, 특히 자신에 대해 알고 싶어 한다. 호기심은 전염성이 있으며 당신을 자극하고, 재미있게 해주고, 빠져들게 만든다.

론은 대체에너지에 관심이 많았다. 그는 그 분야에 대해 아는 것이 거의 없었지만, 그것을 통해 앞으로 많은 돈을 벌 수 있을 것 같았다. 그래서 태양 전지판을 설치하는 사람, 풍력발전용 터빈 기술자, 대체

에너지 회사의 가치를 평가하는 사업가들, 지역 내 공기업 근무자들과 많은 대화를 나누었다. 그는 다른 사람들의 생각과 전문 지식 그리고 경험을 알고 싶어 했다. 그의 적극적인 태도 덕에 사람들은 마음의 문을 열었고, 결국 론은 자기 말대로 '완전히 새롭고 흥미로운 형태의 대체에너지'에 투자했다. 사람들과 대화를 나누면서, 론은 그들이 하는 일과 생각에 진정으로 관심이 있음을 보여주었다. 사람들은 누구나 그런 관심을 받고 싶어 한다. 다들 자기 이야기하는 것을 좋아하고, 자기가 아는 것을 알려주고 싶어 한다. 물론 론이 영업 전략 차원에서 호기심을 내비친 것은 아니었다. 그의 호기심은 진심이었다.

사람들은 대부분 상대방이 보이는 진심 어린 호기심에 긍정적으로 반응한다. 공격적이지 않은 정중한 호기심에는 자신을 방어하거나 경쟁심을 느끼거나 마음의 문을 닫을 필요를 느끼지 못한다. 오히려 자기도 함께 상대에게 흥미와 호기심을 느낀다. 이런 식으로 다가가면 상대방을 자신과의 관계로 끌어들일 수 있고, 잠재적인 파트너나 팀이 될 수도 있다. 사회적인 인맥을 넓힐 수 있음은 물론이다.

호기심이 성취로 이어지려면 새로운 것에 대한 열린 자세가 있어야 한다. 물론 처음에는 새로운 생각을 선뜻 받아들이지 못할 수도 있다. 하지만 결국 이렇게 말하는 사람들이 있다. "와, 정말 새로운 거구나! 생각해볼 필요가 있겠어." 그들은 비판받는 두려움, 변화에 대한 두려움, 틀릴 수 있다는 두려움보다 자신을 발전시키고자 하는 욕구가 더 강하다. 새로운 아이디어가 자신을 부정적으로 비판할 거라고 생각하지 않는다. 그들은 배우려는 열의가 강하며, 가능성을 보고 싶어 하고, 새로운 기회에 늘 마음을 열어둔다.

뇌의 기능과 발달에 대해 알면, 호기심이 우리의 성공에 어떻게 기여하는지 이해하는 데 도움이 될 것이다. 사람의 뇌는 새로운 것을 탄력적으로 받아들인다. 이렇듯 경험에 의해 뇌가 변화하는 것을 신경가소성neuroplasticity이라고 한다. 우리가 뭔가 새로운 일이나 생각을 경험하면 신경가소성은 더욱 활발해진다. 새로운 생각과 행동을 되풀이하면, 뇌 주름도 바뀔 수 있다. 이것은 일흔이 넘은 노년기에도 가능하다. "사용하지 않으면 잃는다Use it or lose it"는 속담은 뇌의 가소성을 키우는 데도 매우 의미 있는 말이다. 사람은 스스로 뇌 기능을 바꿀 수 있다. 잊어버린 기술은 다시 배울 수 있고, 능력이 떨어지는 것은 늦추거나 역전시킬 수 있으며, 완전히 새로운 기능도 익힐 수 있다. 쉽지 않겠지만 분명 가능한 일이다.

뇌의 가소성을 늘리고 부자지능을 키우는 방법에는 여러 가지가 있다. 부자들은 70대나 80대에도 여러 간담회나 행사에 꾸준히 참석한다. 그들은 활발하게 활동하며 새로운 자극을 받는 것을 좋아한다. (그들의 뇌도 마찬가지다.) 특히 자신들이 잘 모르는 것들을 열심히 배우려고 한다. 이런 열린 마음과 호기심은 부자지능을 발현시키는 강력한 요인이다. 상위 부자들을 위한 간담회에서 우리는 돈과 통제의 심리학에 관한 강연을 했다. 강연이 끝나자 80대 중반의 노신사가 다가와 이렇게 말했다.

"정말 고맙습니다. 내 돈이 어떤 식으로 손자들을 통제하는지, 또 어떻게 그 아이들을 위축시키는지 전혀 모르고 있었어요. 내가 잘못하고 있는 부분들을 바꿔야겠다는 생각이 듭니다. 집에 가서 자료를 자세히 살펴봐야겠습니다."

우리는 그 노신사가 보인 순수한 호기심과 열린 마음에 큰 감동을 받았다. 그가 그저 누군가의 마음씨 좋은 할아버지라고만 생각했던 우리는 쉬는 시간에 그와 유쾌한 대화를 나누었다. 그가 보잘것없던 어린 시절을 극복하고 크게 성공한, 이름만 대면 다 아는 재벌가 총수임을 알게 된 건 한참 뒤의 일이었다.

| 피하고 싶은 상황에서조차 삶의 주도권을 놓지 않는다 |

당신 주변에도 늘 이런 말을 하는 사람이 있을 것이다. "저는 하기 싫은 일을 해야 합니다. 선택의 여지가 없어요. 좋아하는 일을 찾을 수가 없습니다." 또 그들은 자기가 주변 환경의 피해자라고 생각한다. 어떤 면에서는 그 말이 옳을 수도 있다. 자기 외부에서 작용하는 사회·경제적 힘은 분명 강력한 변수다. 실직, 경기침체, 가난, 경제적 기회나 교육 기회의 부족 등의 문제에 직면하면 자기 앞이 높다란 벽으로 가로막힌 것처럼 느껴진다. 그들은 그런 문제를 지나치게 심각하게 받아들이면서 무력해지는 자신을 합리화한다. 또 스스로 삶을 주도하지 못하면서 자신의 문제를 남의 탓으로 돌린다. 앞서 예로 들었던 데이비드도 바로 이런 상황에 처해 있었다. 그는 자신의 인생이 사회와 가족의 기대에 따라 작동되는 러닝머신 위에 놓여 있는 것 같았다. 그 러닝머신은 최고 속도로 가동되고 있었고, 그가 할 수 있는 일은 계속 지치도록 달리는 것뿐이었다.

돈에 대해 주도권을 갖는 것도 중요한 문제다. 많은 사람들은 돈이 곧 힘이라고 생각한다. 분명 돈은 기회를 만들고 선택권을 준다. 그러나 저녁 뉴스만 봐도 부자들이 삶에 무기력해지고 되는 대로 재산을 탕진했다는 소식이 심심찮게 등장한다. 돈이 있다고 해서 자동적으로 자아감과 자제력, 자율적인 권한이 갖춰지는 것은 아니다. 부자가 되었다고 다 풍족하게 사는 것은 아니라는 뜻이다.

자아감이 있고, 삶에 대한 주인의식이 있으며, 자기 생각과 기분과 행동을 자신이 주도한다는 사실을 자각하는 것은 부자지능의 핵심 자질이다. 삶은 우연히 벌어지는 것이 아니라 내가 주체적으로 살아가는 것이다. 부자지능이 있는 사람들은 손쓸 수 없을 만큼 무력한 상황에서도 감정과 충동을 스스로 조절하며, 자신의 선택에 자신감을 갖고 책임을 진다. 이들은 스스로를 삶의 반응자reactor가 아니라 행위자actor라고 생각한다. 그리고 이렇게 말한다. "내 삶을 주도하는 사람은 바로 나입니다. 어떤 문제에 직면하든 해결책을 찾는 것도 내 역할이에요." 아무리 심각한 상황에 처해도, 그들은 자신의 감정과 생각, 충동, 행동을 책임질 수 있는 능력을 소중히 여긴다.

세계적인 불황으로 주가가 급락했을 때, 멜리사도 다른 많은 사람들처럼 저축의 절반을 잃었다. 그녀의 재무설계사들은 멜리사를 안심시키기 위해 애썼지만 어떤 솔깃한 해결책도 내놓지 못했다. 그녀는 자신이 처한 상황에 스스로 책임지고 위기를 극복할 기회를 찾았다. 10년 전 부동산 업계에서 일했던 경험과 지식을 이용해서 대학가나 회사 주변의 빈집들을 구입해 수리하기로 했다. 그녀는 아주 싼 값에 살 수 있는 허름한 집들을 목표로 삼았다. 은행들도 골칫거리였던 담보물들을 처리할 수 있어서 좋아했다. 자금은 자신의 돈 일부와 다른 사람에게 빌린 돈으로 마련했다. 처음 구입한 주택을 수리해서 임대하는 데 성공한 그녀는 곧 두 채를 더 사서 작업에 착수했다.

불황이라는 외부 요인으로 예기치 못한 위기를 겪었지만, 멜리사는 상황을 주도해나갔다. 덕분에 느리지만 확실하게 자신의 사업 자금을 다시 마련할 수 있었다. 재산의 반을 잃었다는 사실이 처음에는 두려웠으나, 아무도 자신을 구해줄 수 없음을 받아들였다.

물론 때로는 도저히 통제할 수 없는 일이 생기기도 한다. 의사로부터 갑작스럽게 암이나 다발성 경화증, 뇌종양 같은 병 진단을 받았을 때처럼 말이다. 부자지능이 있는 사람들은 자신에게 떨어진 카드를 갖고 할 수 있는 한 최선을 다한다. 우리에게 일어날 일을 통제할 수는 없다. 하지만 그에 대한 반응은 주도할 수 있다. 그러기 위해서는 다음의 자질을 갖추고 있어야 한다.

심리적 성찰력

심리적 성찰력이란 자신의 심리를 자각하고 깊이 생각함으로써 자신을 돌아볼 수 있는 능력을 말한다. 이 능력이 있으면 자신이 내린 선택을 한 걸음 뒤로 물러나서 바라보는 데 도움이 된다. 그래서 충동을 행동으로 옮기기 전에 잠시 멈출 수 있다.

부자지능을 갖추려면 자기 삶에 주인의식을 갖고, 의식적인 선택을 해야 한다. 그럼으로써 자신의 경험을 관리하고, 목표를 위해 기꺼이 하고 싶은 일과 하기 싫은 일을 더 잘 파악할 수 있게 된다. 자신의 결점을 냉철하게 평가하고, 스스로를 객관적으로 보기 위해 애쓰며, 무의식적인 동기에 휘둘려 삶을 허비하지 않는다. 자기가 놓인 상황에서 한 걸음 뒤로 물러날 수 있다면, 자신이 한 비생산적인 행동과 결정을 깨달을 수 있다.

기꺼이 책임지는 자세

부자지능이 있는 사람은 자신이 한 말과 행동에 책임을 진다. 그들은 자신의 감정과 생각, 행동을 다른 사람 탓으로 돌리지 않는다. 그렇다고 그들이 집에서든 직장에서든 늘 완벽하게 행동하거나 모든 사람을 만족시킨다는 말은 아니다. 하지만 그들은 실수했을 때조차 사람들의 존경을 받을 때가 많다. 왜 그럴까? 우선 잘못을 하면 그들은 미안하다고 말한다. 방어적인 태도를 취하지도 않고 자신이 저지른 짓을 부인하지도 않는다. 그들은 일어난 일에 책임을 지고, 그다음에는 더 잘하려고 노력한다. 그들은 '모든 책임은 내가 진다'는 정신을 실천한다. 우리 고객 한 분은 이렇게 말했다.

"저는 말한 대로 행동하고, 행동한 대로 말합니다."

우리는 잘못을 인정하고 그에 대해 책임지는 사람을 존경한다. 옳고 그름에 상관없이, 자신이 한 행동과 그 행동의 결과를 있는 그대로 인정하는 것이 그만큼 어렵기 때문이다. 책임을 지면, 변화나 갈등을 통해 뭔가를 배우고 방향을 재설정하는 과정이 막히거나 중단되지 않고 유연하게 이루어진다. 어설프게 떠넘기지 않고 신속하게 책임을 지면 상황이 더욱 잘 해결될 수 있다. 그렇게 되면 당신도 깨끗이 떨쳐버리고 다른 일에 관심을 돌릴 수 있을 것이다.

강한 정체성

정체성은 어릴 때 정립되어 인생을 겪는 동안 진화하고 다듬어진다. 부자지능이 있는 사람들은 특정한 시기에 자신이 어떤 상태인지도 알지만, 자신의 자아감이 역동적이고, 유동적이고, 점진적인 힘에 의해 형성된다는 것도 잘 알고 있다. 그들이 과거에 얽매이거나 정적인 자아감을 고집했다면 부자지능은 발휘되지 못했을 것이다.

오랫동안 많은 사람들을 만나오면서, 우리는 아무 쓸모도 없는 과거의 정체성에 집착해 현재의 자아감을 망가뜨리는 사람들을 여러 번 봤다. 우리 고객인 마흔다섯 살 제시카는 여성 사업가로서 매우 분명한 정체성을 갖고 있었다. 그녀는 부유한 삶을 누리고 있었으며 친구도 많고 취미 활동도 다양했다. 그러다 어느 날부터인가 갑자기 그녀는 아침에 일어날 때마다 엄청난 공허함을 느꼈다. 왜 그런지는 자신도 모른다고 했다.

그녀와 한 시간 정도 대화를 나누고 나서 우리는 그 이유를 알게 되었다. 막내아이가 곧 대학에 들어가게 된 것이다. 제시카는 자신의 정체성이 엄마라는 역할과 얼마나 긴밀히 연결되어 있는지 깨닫지 못하고 있었다. 이 점을 인식한 후에야 비로소 그녀는 자신이 왜 그런 기분이 들었는지 납득했다. 그녀는 자신이 겪는 변화를 이해하게 되었고, 그에 따라 삶의 방향과 초점을 다시 맞추었다. 제시카는 장성한 자녀들을 떠나보낸 부모들의 모임에 가입해서 정서적인 위안과 감화를 받았다. 그리고 진정으로 관심을 두고 있는 분야에서 새로운 정체성을 확립했다. 국립 자선단체에서 일하며 소외된 아이들이 인생에서 건전한 선택을 하도록 돕기 시작한 것이다.

진실로 풍족한 삶은 재산보다는 개인적인 가치와 자아존중감, 정체성이 바탕이 되어야 누릴 수 있다. 탄탄한 자아존중감은 사랑하고 사랑받는 능력, 가족과 사회의 인정을 받고 그들과 유대를 맺는 능력, 높은 생산성과 성공을 이루는 능력을 포함해 수많은 요인들에 의해 형성된다. 엄청나게 부유한 사람들과 일하며 우리가 알게 된 한 가지 진실이 있다면, 사람은 은행 잔고에만 의존하지 않는 강력한 정체성을 발달시켜야 한다는 것이다.

우리는 경제적 자립을 통해서도 자존감을 높일 수 있다. 우리 사회에서 부는 성공의 상징이다. 큰 성취의 결과로 부를 얻으면, 긍정적인 정체성을 갖는 데 도움이 된다. 하지만 경제적, 직업적인 성공만으로는 충분하고 안정적인 자아존중감을 확립하기 어렵다. 최근에 부자가 된 사람들과 일하면서, 우리는 그들이 경제적 성공을 거두기까지 4단계 과정을 겪게 된다는 사실을 알게 되었다. 우리는 이것을 '부 정체성 발달Wealth Identity Development'이라고 부른다. 달라진 경제적 상황에 적응하여 삶을 변화시켜가는 과정이다.

사람들은 부자가 되면 점차 자신의 삶이 돈 때문에 바뀌어가는 것을 '인정한다.' 그리고 결국 자신과 가족, 사회가 자신의 관리하에 있다고 생각하게 된다. 이 과정에서 부자지능이 있는 사람들은 돈을 씀으로써 욕구를 만족시킬 뿐 아니라 더 높은 차원의 기쁨을 얻으려 한다. 자신을 위한 생활방식을 만들고, 다른 사람과 사회에 좋은 영향을 미침으로써 말이다. 그렇다. 부자지능이 있는 사람들은 돈을 버는 것뿐 아니라 쓰는 생활을 통해서도 긍정적이고 강력한 정체성을 확립한다. 이처럼 당신의 소비 패턴이 즐거움도 있고 의미도 있는지 생각해볼 필요가 있다.

부자지능을 발휘해서 긍정적이고 풍족한 정체성을 확립하고자 한다면, 한 가지 질문에 답을 해야 한다. '나와 내 가족, 내가 속한 사회에 내 돈은 어떤 의미를 갖는가?'

야망이란 어떤 목표를 이루고 싶어 하는 마음을 뜻한다. 자신을 안내해줄 지도나 내비게이션이 없어도, 원하는 곳이 어디인지 알면 저절로 이끌려가는 기분을 느끼게 된다. 1980년대 초 〈아메리칸 밴드스탠드American Bandstand〉에 출연한 마돈나는 자신의 노래 '라이크 어 버진Like a Virgin'으로 일대 센세이션을 일으켰다. 그녀의 무대가 끝나자 딕 클라크는 앞으로 바라는 것이 무엇이냐고 물었고 그녀는 간단히 이렇게 대답했다. "세계를 지배하고 싶어요." 결국 그녀는 더운물도 못 쓰고 살던 누추한 삶에서 벗어나, 세계에서 가장 유명하고 돈 많이 버는 예술가 중 한 사람이 되었다. 야망이 없었다면 그렇게 될 수 없었을 것이다. 그녀는 자신의 야망을 감추려 하지 않고 오히려 자랑스럽게 드러냈다.

야망은 당신이 가진 능력을 증명해 보임으로써 성취감을 느끼고, 세상에서 당신의 위치를 확립하는 방법이기도 하다. 특히 성공한 부모의 그늘에 가려 사는 사람에게는 더 중요하다. 우리 고객 중에는 부모의 명성과 성공에 부담을 느끼는 사람들이 많았다. 자신이 부모만큼 성공하지 못할까 봐 불안해하고 걱정하기도 했다. 쉰 살에 혼자 힘으로 사업에 성공한 조너선은, 그의 아버지 역시 크게 성공한 사업가였다고 하면서 우리에게 이렇게 말했다.

"아버지가 나에게 준 가장 큰 선물은 일자리를 주지 않은 거였습니다. 아버지는 회사에 친인척을 고용하는 것을 엄격히 금지했고, 나는 그것이 아버지 회사의 방침이라고 여기며 자랐죠. 지금 나는 믿기지 않을 만큼 성공했지만 만약 아버지 밑에 들어가서 일했다면 이렇게 되지 못했을 겁니다. 성공은 틀림없이 했을 거라 자신합니다. 하지만 늘 아버지 덕에 성공했다는 오명을 안고 살아야 했을 겁니다. 그리고 그건 내가 이룬 것이 아니죠."

경쟁을 즐긴다

부자지능이 있는 사람들은 이기는 것을 좋아한다. 그들이 이기적이라서 그런 것은 아니다. 뭔가를 추구한다는 느낌과, 승부가 주는 스릴과 흥분 때문이다. 올림픽에서 금메달을 목표로 하는 선수들은 연습할 때부터 시합에 나가 이길 때까지 그야말로 경기에 매진한다. 카드게임이든, 사업이든, 유명해지는 것이든 상관없이, 풍족한 삶을 사는 사람은 승부 자체를 즐긴다.

부자지능을 발휘하면서 야망이 있고 경쟁심이 강한 사람들은, 다른 사람이 아닌 자기 자신과 경쟁한다. 그들은 자신이 가진 가능성을 최대로 발휘하고 싶어 한다. 물론 그들도 남들보다 잘하고 앞서나가는 것을 좋아하긴 한다. 하지만 결국에는 자기 자신에게 도전한다. 우리 고객인 피터는 이렇게 말했다.

"나는 경쟁심이 무척 강한 사람입니다. 내적으로 더욱 그렇죠. 즉 다른 사람과 비교해서 어떻게 하느냐가 아니라 나 자신이 얼마나 잘

할 수 있느냐에 집중한다는 뜻입니다. 남들이 어떻게 하든 상관없이, 나는 늘 내가 가진 최고의 능력을 발휘하고 싶습니다. 팀 스포츠보다 개인 스포츠를 더 좋아하는 것도 이런 면 때문인 것 같아요."

부자가 되기에 걸맞은 행동방식과 태도를 갖추고 있는가?

풍요한 삶을 위한 행동방식과 태도를 골고루 다 갖춘 사람은 정말 드물다. 부자지능이 있는 사람들도 보통 사람들처럼 강점이 있는 분야가 있는가 하면 그렇지 못한 부분이 있다. 단, 자신이 가진 강점과 약점에 접근하는 방식이 대다수의 사람들과 다르다. 그들은 자신의 강점을 활용하고 약점을 개선할 방법을 찾는 데 집중한다. 도저히 개선할 수 없을 때는 자신을 위해 그 부분을 해결해줄 사람을 찾는다. 자신의 강점과 약점을 인정하고, 그 약점들이 자신을 가로막는 일이 없도록 최고의 능력을 발휘하려면 용기가 필요하다.

이어지는 두 번째 테스트에서는 당신의 행동방식과 태도를 평가할 것이다. 앞에서 말한 것처럼, 옳다고 생각되는 것이나 되고 싶은 것을 답해서는 안 된다. 쉽지는 않겠지만, 실제 자신의 모습 그대로 솔직하게 답해야 한다. 테스트에 임할 때는 서두르지 않고 신중하게 생각할 수 있도록 충분한 시간을 확보하자. 각 질문에 답을 할 때는 그런 행동을 언제 했는지 구체적인 예도 생각해보자. 예를 들면 이런 식이다. "맞아, 나는 열린 마음을 갖고 있어. 증거도 있지. 나는 원래 오토바이족들을 싫어해. 거칠어 보이니까. 하지만 딸애가 할리데이비드슨을 타고 다니는, 온몸이 문신투성이인 녀석을 만나기 시작했을 때 나는 그 아이에 대해 알아보기로 결심했어. 다행히 참 괜찮은 아이더군. 문신은 보기 싫었지만."

테스트의 정확도를 높이는 한 가지 방법은, 당신을 잘 아는 사람에게 확인받는 것이다. 어떻게 답해야 할지 확실하지 않을 때는 가까운 주변 사람에게 물어봐도 된다. '내가 낙심해 있다가 다시 기운을 차리고 훌훌 털어버리는 것을 본 적 있어?' '당신은 내가 낙관적인 사람이라고 생각해?' 같은 식으로 말이다. 물론 의외의 대답에 놀랄 수도 있다.

끝으로, 지금 당신은 직장과 집에서 보이는 자신의 행동방식과 태도에 대해 응답하고 있다. 두 모습은 크게 다를 수 있다는 것을 유념하자. 직장 동료들에게는 자기 생각을 지나칠 만큼 분명하게 표현하지만 배우자나 아이들에게는 꼼짝 못할 수도 있다. 그렇다면 자기표현력에 최고 점수를 줘서는 안 된다. 이런 점을 고려해서 한 가지 면만 생각하지 말고 전체적인 그림을 보도록 노력하자.

B부분 : 행동방식과 태도

행동방식과 태도 각 항목에 대해 당신이 얼마나 동의하는지 점수를 매겨보자. 아래 등급에 따라 문장 옆에 점수를 기록한 다음 분야별로 총점을 합산하면 된다.

응답	점수
전혀 그렇지 않다	1점
대체로 그렇지 않다	3점
약간 그렇지 않다	5점
약간 그렇다	6점
대체로 그렇다	8점
매우 그렇다	10점

각각의 행동방식과 태도에는 10가지 문장이 있다. 각 항목의 점수를 모두 더해서 나온 총점을 10으로 나누자. (소수점 이하는 반올림하면 된다.) 8개 분야의 점수를 모두 내서 가장 높은 분야와 가장 낮은 분야가 무엇인지 확인하자. 그렇게 하면 자신의 강점과 더불어 앞으로 중점적으로 노력해야 할 부분을 알 수 있다.

1. 회복력

____ 실망한 일이 있어도 금방 기운을 회복한다.

____ 내가 한 잘못을 통해 기꺼이 배운다.

____ 실수를 극복하고 떨쳐낸다.

____ 고난이 닥쳐도 나에게 큰 걸림돌이 될 거라고 생각하지 않는다.

____ 슬프거나 나쁜 소식에 압도되지 않고 감정을 잘 추스른다.

____ 잘못된 상황을 이유로 자신이 발전하지 못하는 것을 합리화하지 않는다.

____ 어려움이 닥치면 문제를 해결하는 데 집중한다.

____ 화가 나거나 누가 나에게 화를 내더라도 쉽게 평정심을 회복한다.

____ 부정적인 기분이 들면, 앞에 놓인 문제나 상황에 대한 판단력이 생길 때까지 기다렸다가 행동을 취한다.

____ 거절당했을 때 드는 비참한 기분을 잘 다스려서 다시 도전한다.

회복력 총점 :

2. 자기표현력

____ 식당에서 주문한 대로 음식이 나오지 않으면 종업원에게 말한다.

____ 누군가에게 부탁했다가 거절당했을 때, 기꺼이 다른 식으로 다시 부탁할 수 있다.

____ 내가 말하는 도중에 다른 사람이 끼어들도록 내버려두지 않는다.

____ 헷갈리는 것이 있거나 뭔가를 잘 몰라서 바보 같은 느낌이 들 때도 망설이지 않고 물어본다.

____ 제대로 대우받지 못했다는 기분이 들면 이에 대해 분명히 항변한다.

____ 나는 내 의견과 생각, 기분을 표현할 권리가 있다고 생각한다.

___ 다른 사람의 마음에 드는 것보다 내 소신을 지키는 것이 더 중요하다.

___ 다른 사람의 말이 이해되지 않을 때는 명확히 말해달라고 부탁한다.

___ 다른 사람의 의견에 동의하지 않거나 전혀 다른 의견을 제시하는 것을 별로 꺼리지 않는다.

___ 사람들이 강압적인 태도로 나를 괴롭히거나 위협하도록 내버려두지 않는다.

자기표현력 총점 :

3. 대인관계 능력

___ 사람들로부터 기분을 잘 이해해준다는 말을 듣는다.

___ 다른 사람의 감정을 세심하게 헤아려서 기꺼이 공감할 수 있다.

___ 어떤 감정에 사로잡힐 때는 왜 그런 기분이 드는지 인식하고 다른 사람들과 공유할 수 있다.

___ 내가 느끼는 감정에 적절히 대처한다.

___ 사람들이 감정적인 문제로 나에게 도움을 청한다.

___ 팀이나 공동의 목표를 위해서라면 나의 부정적인 기분은 떨쳐버릴 수 있다.

___ 협동이 성공의 비결이라고 믿는다.

___ 다른 사람의 몸짓이나 사회적 신호를 통해 그 사람의 감정이나 욕구를 알아차릴 수 있다.

___ 다른 사람과의 갈등을 해결하는 데 필요한 기술이나 전략이 있다.

___ 화가 나도 내 감정을 분명히 표현할 수 있고 다른 사람의 감정에 귀 기울일 수 있다.

대인관계 능력 총점 :

4. 열심히 일하는 능력

___ 장애에 부딪혀도 나 자신을 독려해서 몇 번이고 다시 시도한다.

___ 원하는 것을 얻기 위해 할 수 있는 일은 무엇이든 한다.

___ 목표를 향해 나아갈 때 마음이 흐트러지지 않게 다잡는다.

___ 비록 즐거운 일들을 포기해야 할지라도, 목표에 집중해서 완수한다.

___ 원하는 것을 얻기 위해 열심히 노력한다.

___ 다른 사람이라면 포기했을 장애에 부딪혀도 나는 계속 나아갈 방법을 찾는다.

___ 사람들이 나를 목표지향적인 사람이라고 생각한다.

___ 사람들이 나에게 원하는 것을 이루려는 의지가 강하다고 한다.

___ 매일 할 일 목록을 작성하고, 대부분 완수한다.

___ 해내겠다고 마음먹은 일을 끝내기 전에는 절대 그만두는 법이 없다.

열심히 일하는 능력 총점 :

| 태도 |

5. 낙관주의

___ 나는 종종 다른 사람들이 보지 못한 가능성을 발견한다.

___ 나는 사람들의 미심쩍은 부분도 선의로 해석하려고 한다.

___ 대개는 일이 잘 풀릴 거라고 생각한다.

___ 컵에 물이 반밖에 없는 것이 아니라 반이나 차 있다고 생각한다.

___ 비관론자들을 싫어한다.

___ 내가 좋은 일이 생기게 할 수 있다고 믿는다.

___ 원하는 것은 얻을 수 있다고 믿는다. 그럴 수 없을 때는 그만큼 좋은 것이나 더 좋은 것을 곧 찾을 수 있을 거라고 생각한다.

___ 종종 운이 좋다고 느낀다.

___ 일진이 안 좋더라도, 내일은 더 좋은 날이 될 거라고 생각한다.

___ 문제가 생겨도 일시적인 것으로 보고, 스스로 극복할 수 있다고 믿는다.

낙관주의 총점 :

6. 열린 마음과 호기심

___ 비록 자신은 동의하지 않더라도, 사람들이 왜 그렇게 생각하고 느끼는
지 늘 알고 싶어 한다.

___ 같은 상황을 다른 관점에서 생각해보는 경우가 종종 있다.

___ 나는 진정한 평생학습자다.

___ 사람들이 나에게 많은 것을 궁금해한다.

___ 사람들이 나에게는 평가받는 느낌이 들지 않는다고 말할 때가 종종 있다.

___ 늘 호기심을 갖고 다양한 경험과 지식, 다른 사람의 신념을 배우기 위
해 노력한다.

___ 나는 고정관념에서 벗어나 문제를 해결하도록 도울 수 있는 사람이다.

___ 새로운 시도를 통해 내가 좋아할 만한 것들을 찾아내기를 좋아한다.

___ 새로운 상황에 열린 마음으로 임한다.

___ 나 자신의 경험과 다른 사람들의 경험을 통해 배운다.

열린 마음과 호기심 총점 :

7. 삶에 대한 주도의식

___ 대부분의 상황에서 내가 책임져야 할 부분은 책임진다.

___ 사람들이 나를 좋아하지 않아도 '아주 좋은 사람'이 되어야 한다는 압
박감을 느끼지 않으며, 불평하지도 않는다.

___ 화나는 일이 있어도 곧 평정심을 회복한다.

___ 나에 대한 믿음으로 어려운 시기를 이겨낼 수 있다.

___ 뭔가에 대해 내 입장을 밝히는 것이 어렵지 않다. 심한 반대에 부딪혀도 그렇다.

___ 어디에 있든 혹은 누구와 있든 상관없이, 한 사람의 인간으로서 나에 대해 일관된 생각을 갖고 있다.

___ 나의 삶은 내가 주도한다고 생각한다.

___ 나의 감정 혹은 옳고 그른 행동에 대해 스스로 책임을 진다.

___ 행동하기 전에 멈춰서 생각할 수 있다.

삶에 대한 주도의식 총점 :

8. 야망

___ 나는 집중력이 매우 강하고 목표 지향적인 사람이라고 평가받는다.

___ 인생에서든 일에서든 목표가 분명하다.

___ 내가 원하는 것과 좋아하는 것을 분명히 알고 있다.

___ 원하는 결과를 얻기 위한 경쟁을 즐긴다.

___ 사람들이 나에게 의욕이 넘친다고 말한다.

___ 경쟁에 이기는 것을 무척 좋아한다.

___ 목표를 이루기 위해서라면 무엇이든 할 수 있다.

___ 일할 때도 놀 때도 목표 세우는 것을 좋아한다.

___ 날마다 잠자리에서 일어나면 목록에 적힌 목표를 달성할 기대에 부푼다.

___ 사람들이 나에게 일하는 것도 노는 것도 열심히 한다고 한다.

야망 총점 :

행동방식과 태도	점 수
1. 회복력	_____
2. 자기표현력	_____
3. 대인관계 능력	_____
4. 열심히 일하는 능력	_____
5. 낙관주의	_____
6. 열린 마음과 호기심	_____
7. 삶에 대한 주도의식	_____
8. 야망	_____

B 부분 총점: _____점

(이 점수를 193쪽에 적용하면 당신의 부자지능지수를 구할 수 있다.)

4장

재산 가치를 높이는
재정적 효율성

Raising Your Personal Dow:
Becoming Financially Effective

통장에 돈이 얼마나 들어오고, 얼마나 나가며, 장래에 안정적으로 살려면 얼마가 필요할까? 이에 대해 자신 있게 답할 수 없다면, 당신은 지금 '돈의 안개'에 파묻혀 사는지도 모른다. 심지어 돈에 대해 아예 생각하지 않으려는 사람들도 있다. 돈 생각만 하면 머릿속이 복잡해진다는 것이다. 그러나 안갯속에서만 살면 쉽게 정체되고, 방향을 잃고, 취약해져서 힘겹게 번 돈을 잃기 쉽다.

반면 재정을 효율적으로 다루는 사람들은 돈을 잘 벌어들일 뿐 아니라 돈을 불편해하지 않는다. 우리는 이런 사람을 보고 '재정적 능력'과 '재정적 편안함'을 모두 갖추고 있다고 말한다. 그들은 경제 지식을 바탕으로 재정계획을 세우고, 경제적 안전지대를 마련해놓는 일이 얼마나 중요한지 알고 있다. 자산가치를 높이고 싶다면 재정적 효율성을 높여야 한다.

재정적 능력:
내 돈을 내 뜻대로 쓸 수 있다

　재정적 효율성의 첫 번째 부분인 재정적 능력은 재정계획을 세우고 돈 관리의 메커니즘을 이해하는 능력이다. 벌고, 쓰고, 아끼고, 투자하고, 나누는 5개 영역에 따라 돈을 생각해보자. 부자지능이 있는 사람들은 이 5개 영역에서 자신의 우선가치에 따라 재정계획을 세운다. 그런 뒤 어떻게 자신의 가치에 따라 살 것인지, 또 돈을 어떻게 운용할 것인지에 대한 규칙과 가이드라인을 세운다. 예를 들어 만약 당신이 '수입 내에서 생활하는 것'을 중요한 가치로 정했다면, 수입을 벗어난 소비는 하지 않는 것을 규칙으로 삼을 것이다. 신용카드 쓰는 것과 대출 받는 것을 제한하는 규칙도 포함될 수 있다. 또 '장기적인 재정 안정'을 중요하게 생각한다면, 소득 중 일정액을 저축하거나 투자한다는 규칙을 세울 것이다.

　기본적인 요령을 알면 자신에게 맞는 재정 계획을 세울 수 있다. 지레 겁먹을 필요는 없다. 지금 우리는 당신에게 회계사나 수학 천재가 되라고 말하는 것이 아니다. 다만 재정적인 이해도를 높이고 적절한 재정 계획을 세우려면 어쨌든 시간을 들여서 스스로 훈련해야 한다. 스포츠카, 어린 시절의 앨범, 유명한 미술품을 신경 써서 간수하듯, 돈도 그렇게 해야 한다. 부자들만 자산관리사나 회계사, 금융상담사를 고용하란 법은 없다. 우리도 그들의 도움을 받을 수 있다. 혹은 금융

쪽에 정통한, 믿을 만한 친구에게 도움을 요청해도 좋다. 다른 사람의 도움을 받더라도, 재정적 능력이 있는 사람은 자신의 금전 문제를 스스로 주관하며 언제나 빈틈없이 관리한다. 세계에서 가장 부유한 여성 중 한 명인 오프라 윈프리는 자기 회사에서 나가는 수표는 한 장도 빠짐없이 자신의 서명을 거쳐야 한다고 말한 바 있다. 자신의 돈에 일어나는 일들을 정확히 알기 위해서다.

재정적 효율성을 높이면 돈이 내 뜻대로 운용된다는 자신감이 생기고, 마음이 편안해진다. 그러려면 기본적인 재정 지식부터 알아야 한다. 돈 관리는 고등학교 수준의 수학 능력만으로도 누구나 할 수 있다. 재정적 효율성을 갖추기 위해 당신이 해야 할 일은 무엇일까?

- 돈을 통제하라. 수입, 지출, 저축, 투자, 나눔의 5개 영역의 관점에서 체계적으로 생각하라.
- 돈에 대해 이야기하는 것을 불편해하지 말라.
- 은행 거래와 금융시장에 관한 기본적인 지식을 익혀라.
- 수입, 지출, 저축, 투자, 나눔의 5개 영역에서 핵심 가치를 결정하라.
- 자신의 필요와 욕구를 파악하고 그에 따라 예산을 세워라. 수입 내에서 생활하라.
- 자신의 핵심 가치에 부합하고, 나이와 책임 수준에 맞는 장단기 재정계획을 세워라. 그리고 다음 사항들을 정하라.
  ▶ 장기적, 단기적 재정 목표

- ▶투자 전략에 지침이 될 리스크 허용도
- ▶비상시에 쓸 수 있는 예비자금과 보험금의 규모
- ▶저축액이 많이 들어갈 부분 : 대학 학자금, 은퇴자금, 의료비 등
- 5개 영역에 대한 기준점을 정하라.
- 전문가의 도움을 구하라. (재무상담사, 설계사, 회계사, 변호사 등)
- 책임감을 가져라. 표를 작성하고 진행 상황을 늘 확인하라. 이런 과정을 정직하게, 꾸준히 지속할 수 있도록 지인에게 도움을 청하라.

재정적 능력이 있는 사람은 매달 자신이 얼마를 버는지 알고, 저축계획을 세우고 있으며, 얼마를 쓰는 게 적절한지 분명히 알고 있다. 재무전문가의 도움이 없어도, 재정과 관련해서 내린 의사결정은 스스로 책임진다. 그들은 대차대조표를 읽을 줄 알고, 매년 소득신고를 할 때 허둥대지 않는다.

재정적 편안함 : 돈 앞에서 떳떳하다

재정적 효율성의 두 번째 부분은 '재정적 편안함'을 갖는 것이다. 이 능력을 갖추면 더 이상 돈 때문에 불안해하거나, 걱정하거나, 죄의식과 수치심을 느끼지 않는다. 또 규모에 상관없이 수입, 저축, 지출, 나

늙의 문제에서 편안해진다. 돈은 당신을 움직이게 하는 유일한 요인이 결코 아니며, 많거나 적다고 해서 당신의 존재를 규정할 수도 없다. 돈은 자존감이나 개인적으로 추구하는 가치, 행복감 등을 좌우하는 문제가 아니라 그저 생활에 필요한 수단이나 자원 중 하나일 뿐이다. '돈을 밝힌다'고 부끄러워할 이유가 없다.

돈이 당신을 통제하는 것이 아니라 당신이 돈을 통제한다고 느껴야 재정적 편안함을 누릴 수 있다. 하워드의 삶을 보라. 그는 빌 게이츠만큼 부자는 아니었다. 하지만 정신적, 경제적으로 행복하다고 느낄 만큼 충분한 돈을 벌었다. 재정적 편안함이 있으면 연인 관계나 직장 문제, 육아 등 돈과 결부된 여러 문제들에 더욱 잘 대처할 수 있다. 또 자신에게 무엇이 필요한지 살필 수 있고, 돈을 이용해서 즐거움과 안정감을 느끼고 너그러워질 수 있으며, 자신에게 중요한 일들을 할 수 있다.

반면 데이비드 같은 사람도 있다. 그는 건축가로서 많은 돈을 벌고 상당한 퇴직금도 마련해놓았지만 돈과의 관계에서 평화와 안정을 느끼지 못했다. 데이비드뿐 아니라 그보다 훨씬 부유한 사람들의 경우를 봐도 알 수 있듯이, 재정적 편안함은 단순히 돈을 더 많이 번다고 해서 얻을 수 있는 것이 아니다. 또 돈에 대해 잘 안다고 해서 자동적으로 돈에 대해 편안해지는 것도 아니다. 사실 돈이 많으면 많을수록 더 큰 불안을 느끼게 될 수도 있다. 앞서 잠깐 언급했듯, '졸부 증후군'이란 말도 생겼다. 갑자기 큰돈을 벌었지만 재정적 편안함이 부족해서 더 불안해하는 사람들의 심리를 표현하는 말이다. 돈이 궁극적인 목표라면 사람들은 이런 문제를 겪지 않을 것이다. 갑자기 생긴 재산 때문에 겪는 스트레스나 장애는 우리가 상상하는 것 이상이다.

재정적 편안함을 느끼는 사람들은 돈과의 관계에서 자신에게 주도권이 있다고 느낀다. 그들은 안정감을 얻고 평화를 유지하는 데 필요한 생활방식을 스스로 선택한다. 가끔은 어려운 선택을 하기도 하지만, 그때도 주도권을 놓지 않는다.

서른여덟 살인 잭은 정규직이었던 직장을 잃고 시간제로 일하게 되자 빚을 줄일 방법부터 알아보았다. 그는 저렴한 집으로 이사하고 여가 생활에 쓰던 돈을 줄이면서 소비 규모를 조정했다. 물론 아무리 열심히 노력하고, 높은 실업률 속에서 다른 직장을 구했다 하더라도 대출금의 부담을 떨칠 수 있는 사람은 많지 않다. 하지만 재정적 편안함이 있는 사람은 바뀐 재정 상황을 조정할 수 있다고 생각한다.

돈에 대한 환상에
사로잡혀 있지 않은가?

재정적 효율성을 갖추면 어떤 이득이 있을지 생각하는 것은 그리 어렵지 않다. 하지만 실제로 재정적으로 효율적인 사람이 되는 건 매우 어렵다. 정규교육과정에서 경제의 기본 내용과 예산 세우기, 주식, 채권, 이자율, 대체 투자 같은 기본적인 금융 지식을 필수로 가르치고 있지도 않다.

또 여성은 오늘날에도 돈과 관련된 문제에서 여전히 남성보다 못한 대접을 받고 있다. 여성이 받는 평균 급여는 남성보다 대체로 10~20% 정도 적다. 의료계 같은 전문 분야에서도 마찬가지다. 여자 의사들과 남자 의사들의 급여 차이는 상당하다. 정계와 재계에서 많은 여성들이 뛰어난 지도력을 발휘하고 있지만 여전히 여성 앞에는 장애물이 가로막혀 있는 것이 현실이다.

친구들이나 가족들과 돈에 관해 이야기하다 보면, 돈은 격한 감정들과 환상, 종교적 신념, 문화적인 유대, 가슴 아픈 가족 이야기들로 가득 충전된 피뢰침 같은 것임을 알 수 있다. 우리는 사람들이 돈을 그냥 돈으로만 생각하지 못하고, 돈에 관한 대화를 나누는 것을 무척이나 어려워한다는 사실에 거듭 놀라곤 한다. 돈 이야기를 하다 보면 다른 감정과 문제들이 끼어들기 일쑤다. 50여 년 전 섹스에 관한 이야기가 나오면 그랬듯, 사람들은 돈에 대한 얘기가 무슨 충격파라도 되는 것처럼 피하기 급급하다. 하지만 무시한다고 행복해지는 것은 아니다. 오히려 똑같은 좌절과 무력감이 지속되면서 부자지능을 발휘하는 데 방해만 될 뿐이다.

이런 문제들을 극복하고 부자지능을 높이려면, 돈에 대한 당신의 심리와 태도들을 풀어놔야 한다. 돈을 쓰고, 아끼고, 나누고, 투자하는 데는 각자가 가진 돈에 대한 독특한 심리가 반영된다. 누구나 자기만의 심리를 갖고 있다. 이런 심리는 돈에 관련한 경험으로 형성된다. 의사 결정 방식을 주도적으로 바꾸고 싶다면, 자신의 심리를 잘 파악해야 한다. 문제는 그 심리가 현실에 대한 직접적인 인식에서 비롯된 것이 아니라는 점. 그것은 마음속 깊이 묻혀 있던 믿음을 통해 작동한다. 그중에는 현실과 아무 상관없거나 전혀 쓸모없는 것들도 있다.

자기 심리에 휘둘려 재정적 결정을 내리면 어떤 문제를 겪게 될까? 다음 사례는 그럴 때 생기는 어려움을 잘 보여준다. 폴은 우리를 찾아와 딜레마에 빠졌다고 했다. 얼마 전에 돌아가신 아버지로부터 많은 재산을 물려받았는데 그 돈을 최대한 빨리 써서 없애버리고 싶다는 것이었다. 이유는 이랬다.

"아버지는 좋은 분이 아니셨습니다. 다른 사람들을 등쳐서 돈을 벌었죠. 실컷 이용만 하다가 쓸모가 없어지면 버리셨어요. 아버지는 '노동 유연화'에 앞장선 사람이었습니다. 아버지 회사는 오래 근무했던 정규직 직원들을 해고하고 저임금의 해외노동자들을 고용해서 큰 수익을 냈죠. 아버지는 자기 행동 때문에 고통 받는 사람들은 무시한 채 회사의 이익에만 관심을 가졌습니다. 어떻게 수년간 알고 지낸 이들의 고통을 외면할 수 있냐며 제가 대들 때마다 아버지는 절 무시하거나 화제를 돌려버리셨어요. 아버지에게 크게 실망하면서 결국 서로 소원한 관계로 지내게 됐죠. 저는 이 상황을 옳게 처리하고 싶습니다."

그는 아버지에게 남은 감정적 앙금 때문에 자신의 현 상황에 이성적으로 다가가지 못하고 있다는 것을 알고 있었다. 폴은 아버지의 가치관과 행동을 되풀이하고 싶지 않았지만 어떻게 해야 할지 갈피를 잡을 수 없었다. 지금껏 돈에 대해 어떤 가치를 생각해본 적이 없었고, 유산을 상속받을 거라는 생각도 해보지 않았기 때문이다.

우리는 그가 돈에 대한 가치관을 바로 세우도록 도왔다. 또 바람직한 변화를 이루기 위해 유산을 활용하는 방법도 생각해보게 했다. 돈에 대한 가치가 명확히 서자, 폴은 어떻게 행동해야 할지 알게 되었다. 그는 자신의 부자지능 조절장치를 다시 맞춰서 유산 때문에 부담을 느끼는 대신, 스스로 재정 문제를 주도하기 시작했다. 그래서 노동자 인권 단체에 유산의 일부를 기부하기로 했고, 생산직에 종사하다가 해고된 사람들이 새롭게 직업훈련을 받도록 지원하기로 했다. 폴에게 이런 기부 행위는 부를 축적하는 과정에서 아버지가 사람들에게 주었던 상처를 일부나마 치유하고자 하는 바람을 표현하는 것이었다.

| 항상 부족한 사람 vs 언제나 넘치는 사람 |

돈에 대한 심리는 우리의 무의식에도 걸쳐 있다. 예를 들어 당신은 스스로를 '베푸는' 사람으로 생각하더라도 한편으로는 수중에 안정적인 재산이 있는지 불안해할 수 있다. 돈에 대한 심리를 파악한다는 것

은, 외적인 요인과 감춰진 요인이 돈에 대한 자신의 가치관에 어떤 영향을 미치는지 이해한다는 의미다. 이런 맥락에서, 돈이 늘 부족하다고 느끼든 넘쳐난다고 느끼든 상관없이, 우리는 우리 가족의 배경과 문화, 종교적인 영향을 과소평가해서는 안 된다.

자신이 깊이 품고 있는 생각을 들여다보라. 어떤 사람은 늘 돈이 부족하다고 느낀다. 반면 어떤 사람은 자신이 늘 풍족하다고 생각할 수도 있다. 우리는 그 좌표의 양극단이 갖고 있는 위험을 여러 차례 봤다. 그 예로, 너무 가난하거나 몰락한 내력이 있는 집에서 자란 사람은 큰 부자가 되어도 재정적으로 편안해지지 못하는 경우가 종종 있었다. 우리는 몹시 부유한데도 소위 '노숙자 증후군'을 갖고 있는 사람들과 여러 번 상담을 했다. 백만장자이면서도 다음 날 아침 눈을 뜨면 무일푼이 되어 있을지도 모른다는 불안 때문에 한 번도 재정적 편안함을 느끼지 못하는 것이다. 이런 말도 안 되는 두려움은 대공황과 유대인 대학살을 겪었거나 가족 중 누군가가 도박으로 재산을 탕진한 경험이 있는 부모 및 조부모로부터 이어진 것일 때가 많다. 그래서 노숙자 증후군이 있는 사람들은 한시도 마음을 놓지 못하고, 늘 어딘가 재앙이 도사리고 있을 거라고 생각한다.

이와는 반대쪽 극단에 있는 사람들은 자신이 터무니없이 풍족하다는 착각에 빠져 있다. 그들은 자기가 얼마나 많은 빚을 지고 있든 상관없이 항상 돈이 생길 거라고 믿는다. 이런 사람들은 가족들로부터 돈에 대해 늘 다음과 같은 메시지를 받아왔다. "걱정 마, 네가 아무리 망쳐놔도 늘 해결될 테니까." 자신을 과잉보호하는 배우자나 아버지, 친구 때문에 이렇게 될 수도 있다. 어떤 사람들은 위기가 닥칠 것이 뻔한 선택을 해서 결국 주위의 도움을 받곤 한다. 그것도 몇 번씩 거듭해서 말이다. 그런 사람은 끊임없이 사고를 치다가 돈 한 푼 없는 상태에 다다르더라도 크게 걱정하지 않는다. 실패해도 누군가가 구해줄 거라는 믿음이 뿌리 깊이 박혀 있기 때문이다.

당신의 위치는 어디쯤인지 생각해보라. 부족함과 풍족함에 대해, 당신이 그런 감정을 갖는 데 영향을 미친 집안 분위기나 문화적 메시지가 있는가? 그런 믿음이 당신의 현재 모습 혹은 장차 추구하는 방향과 잘 맞아떨어지는가? 당신에게 의미 있고 부자지능도 높일 수 있는 가치는 무엇인가?

| "너는 돈에 대해서는 정말 바보 같아!" |

다른 문제를 대할 때는 매우 지혜롭지만 유독 돈에 대해서는 이상하게 구는 사람들이 많다. 돈 문제에서만큼은 어떤 내면의 목소리라도 들리는 것처럼 무력해지고 바보 같아지는 것이다. 조엘의 경우를 살펴보자. 그녀는 능력 있는 역사학과 교수로서 자기 일에는 자잘한 부분까지도 완벽한 사람이었다. 하지만 재정 문제에 관해서는 기본적인 것도 제대로 처리하지 못했다. 매월 날아오는 신용카드 고지서를

읽기만 해도 불안해지고 주눅이 들었다. 그래서 어떻게 했는지 아는가? 고지서를 아예 열어보지 않았다!

조엘의 집안은 대대로 내려오는 가업으로 풍족하게 살았다. 하지만 그녀의 집안에서는 딸이 가업을 물려받는 것이 허용되지 않았다. 조엘은 착한 아내와 엄마가 되고 사회적으로 쓸모 있는 일을 해야 한다고 배우며 자랐다. 하지만 여자라는 이유로, 집안에서 돈과 관련된 대화나 사업을 의논하는 자리에 낄 수 없었다. 그 결과 조엘은 남자친구한테 이런 말까지 들었다. "너는 돈에 대해서는 정말 바보 같아."

그녀는 가족 내에 뿌리 깊이 박혀 있는 가치관을 이어받은 것이다. 여성은 재정적 능력이 없다는 편견 말이다. 학업은 가족의 지원으로 마쳤지만, 돈에 대한 집안의 부정적인 메시지는 그녀가 재정적 효율성을 갖추는 데 심각한 타격을 주었다. 조엘은 영리해서 돈에 대해서도 충분히 똑똑해질 수 있었다. 하지만 어릴 적부터 굳어진 무의식 때문에, 돈에 대해서는 아예 숙맥이 되기로 한 것이다.

| 쓰는 사람 따로 있고 아끼는 사람 따로 있다 |

돈에 대한 심리는 돈을 쓰는 것과 아끼는 것에 대한 태도와 생각에서도 나타난다. 가끔 세상은 태어날 때부터 쓰는 사람과 아끼는 사람이 정해진 것처럼 보일 때가 있다. 쓰는 사람은 쓰는 데서 즐거움을

느낀다. 그들에게 돈은 즐기는 것이며 재정적인 모험은 감수할 만한 가치가 있는 것이다. 너그럽게 다른 사람에게 베풀고 자선단체에 기부하면 흐뭇해진다. 쇼핑을 통해 기분을 전환하는 것도 만족스럽다. 반면 아끼는 사람은 아껴야 즐겁다. 가끔은 지독할 정도로 아낀다. 그들은 은행 잔고가 늘어나는 것을 보며 안도하고 행복해한다. 모험은 싫어하는 편이다. 그들은 주는 것과 약속에 매우 신중하다.

흥미로운 점은, 쓰는 사람과 아끼는 사람이 결혼하는 경우가 많다는 것이다. 이것은 배우자를 통해 균형을 맞추고 싶다는 무의식이 표출된 것으로 볼 수도 있다. 하지만 안타깝게도 이런 바람은 익숙한 것을 되풀이하고 평소의 패턴을 강화하려는 심리적인 경향 때문에 훼손되는 경우가 많다. 그래서 서로에게 득이 되기보다는 서로 자기 생각이 옳다고 목소리를 높이며 싸우기 십상이다.

당신의 돈, 당신이 책임져라

당신은 쓰는 쪽인가, 아끼는 쪽인가? 당신은 평소에 돈이 부족하다고 여기는 쪽인가, 넘친다고 여기는 쪽인가? 중요한 것은, 이런 자각을 통해 재정적 효율성과 재정적 능력, 재정적 편안함을 스스로 갖춰가야 한다는 것이다. 자신의 재정적 무능함을 배우자나 부모, 세상 탓으로 돌려서는 안 된다. 배우자의 능력이 부족해서 당신까지 망칠 수 있다는 생각도 하지 말자. 아무리 관계가 좋을지라도, 돈 문제에 대해서는 눈을 크게 뜨고 자신이 직접 신경 써야 한다. 불황이 닥치기 전, 우리는 재정적 능력의 한계에 다다른 사람들을 많이 봤다. 그들은 경기가 곧 좋아질 거라는 잘못된 기대를 하면서 편하게 살았다. 그러다 부부 중 한 사람이 직장을 잃었고 그다음에는 차를 팔았으며 결국은 과다하게 받았던 대출도 상환하지 못하게 되었다. 1년도 안 돼서 그들은 재정적 편안함은 물론 삶의 기반까지 잃고 말았다.

돈을 효율적으로 다루려면 재정적 편안함과 재정적 능력이 협조적으로 작용해야 한다. 그리고 어른으로 발전하면서 겪는 변화와 도전적인 상황도 고려해야 한다. 단기적으로 편하게 돈을 쓰다가 돈이 떨어진 뒤에 어떻게 해야 할지 몰라 헤매는 사람들도 많다. 재정적 능력이 취약하면 재정적 편안함은 한순간에 무너진다.

성공한 무용 선생이자 무용수였던 신디는 춤에만 열중하며 살았다. 이삼십 대 때는 검소하게 살면 부족하지 않을 만큼 돈을 벌었으니 돈에 대해 걱정하지도 않았고 마냥 행복했다. 그러다 사십 대가 되자 몸이 예전 같지 않다는 신호를 보내기 시작했다. 전처럼 오래, 열심히 연습할 수도 없었다. 그녀는 자신이 미래의 개인적, 재정적 안정을 위한 계획을 세우지 못했다는 사실을 깨달았다. 지금 그녀는 빚에 짓눌려 있으며 돈 걱정에 사로잡혀 있다. 베이비붐 세대 중에는 그녀와 비슷한 사람들이 많다. 오늘만 생각하며 살다가 내일을 걱정하는 자신을 발견하게 되는 것이다.

재정적으로 효율적인 사람이 되는 것, 즉 경제적 능력도 있고 돈을 편안해하는 것은 자신의 재정 상태를 확실히 장악하고 있다는 의미다. 다시 말하면 진정으로 '돈을 소유한' 느낌을 가져야 한다는 것이다. 부자지능에서 이 부분을 발휘한다는 것은 재정적인 자각을 했다는 뜻이다. 재정적으로 늘 깨어 있으면서 그에 맞게 행동하기란 어려운 일이다. 그런데도 한번 흘깃 둘러보기만 하고 다시 안갯속을 헤매는 사람이 많으니 안타까울 뿐이다.

자각하기를 미루거나, 수학을 못하는 척하거나, 돈에 대해 왜 편해질 수 없는지 핑계만 늘어놓고 있다면 당신은 절대 부자지능을 발휘할 수 없다. 우리가 장담한다. 힘들겠지만 왜 그럴 수 없는지, 자기 생각에 이의를 제기하라. 즉 당신이 살아오면서 돈과 관련해 받았던 메시지들을 잘 살펴보고, 앞으로 겪게 될 변화로부터 자신을 보호할 방법을 찾고, 돈에 대한 개인적인 가치를 결정하라는 뜻이다. 첫 번째 단계는 "예스"라고 말하는 것이다. 그다음에는 우리의 3개월짜리 프로그램을 실행하면서, 쉽게 구할 수 있는 자원으로 돈을 이용하면 된다.

C부분 : 재정적 효율성

재정적 효율성의 각 범주별로 제시된 내용들을 보고 동의하는 정도에 따라 점수를 매기면 된다. 아래 등급에 따라 점수를 기록한 뒤 이를 모두 더해서 범주별 총점을 계산하자.

응답	점수
전혀 그렇지 않다	1점
대체로 그렇지 않다	3점
약간 그렇지 않다	5점
약간 그렇다	6점
대체로 그렇다	8점
매우 그렇다	10점

각 문장 옆에 점수를 적은 다음 총계를 내면 된다. 각 범주마다 10개의 문장이 있다. 점수를 모두 더해서 10으로 나누자. (18.6같이 소수점 이하는 19로 반올림한다.) 각 분야의 점수를 모두 계산한 후, 가장 높은 분야와 가장 낮은 분야를 주목하자. 그렇게 하면 자신의 강점과 더불어 앞으로 중점적으로 노력해야 할 부분을 알 수 있다.

1. 재정적 능력

___ 예산을 세우고 지킨다.

___ 수입 내에서 생활한다.

___ 나와 가족을 위한 비상금이 있다.

___ 매달 은행 입출금 내역을 확인한다.

___ 신용카드 결제 내역을 확인한다.

___ 퇴직 후를 위해 저축을 하고 있다.

___ 계획을 세워서 돈을 쓰고, 아끼고, 나눈다.

___ 증권, 채권, 사모투자, 뮤추얼 펀드 등 금융시장에 관한 기본적인 지식을 알고 있다.

___ 나에게 돈이 얼마나 있는지 늘 알고 있다.

___ 내 필요와 욕구를 만족시키기에 충분한 돈을 갖고 있다.

재정적 능력 총점 :

2. 재정적 편안함

___ 충동적으로 돈을 쓰지 않고, 신중히 분석한 다음 돈을 쓸지 말지 결정한다.

___ 나의 재정 상태 때문에 수치심이나 죄의식을 느끼지 않는다.

___ 돈이 내 자존감을 결정짓지 않는다.

___ 나는 자유롭고 편안하게 내 돈으로 하고 싶은 것을 한다.

___ 나의 사회적 영향력은 내가 가진 돈의 액수에 영향받지 않는다.

___ 나는 내 집에서 재정적인 의사결정을 할 권리가 있다.

___ 가까운 사람들과 돈에 관해 이야기하는 것이 불편하지 않다.

___ 인생에서 중요한 결정들을 하는 데 돈이 주요 요인은 아니다.

___ 나보다 돈이 훨씬 많은 사람들과 있어도 편안하다.

___ 나보다 더 좋은 것(보석, 집, 자동차 등)을 가진 사람과 있어도 열등감
을 느끼거나 지나치게 부러워하지 않는다.

재정적 편안함 총점 :

당신의 재정적 효율성 점수

재정적 효율성	점 수
1. 재정적 능력	____
2. 재정적 편안함	____

C 부분 총점: ____점

(이 점수를 193쪽에 적용하면 당신의 부자지능지수를 구할 수 있다.)

5장

이것만 고치면
부자지능이 올라간다

Resetting Your AI Thermostat:
Managing Obstacles that Get in Your Way

부자지능 조절기의 눈금을 올려라

스스로 고치고 싶은 점이 있을 때 무엇이든 마음대로 바꿔서 부자지능지수를 높일 수 있다면 얼마나 좋을까? 하지만 그게 그렇게 쉽지 않다. 우리 각자에게는 부자지능의 '기준점'을 설정하는 내적 조절장치가 있다. 심리, 개인사, 문화적인 배경이 작용해 '정상'이라고 느끼는 상태가 자신의 기준점이 된다. 이 조절장치는 자율적인 신체 시스템처럼 직접적인 인식 바깥에서 작동하면서 우리를 일정 수준으로 유지시킨다.

그러나 문제는 그 수준이 '정상'처럼 느껴진다 하더라도 부자지능지수가 낮게 책정된 것일 수 있다는 사실이다. 당신의 기준점은 당신의 부자지능지수에 영향을 미치며, 나아가 풍요함의 일곱 요소들을 얼마나 갖출 것인지도 결정하게 된다.

심리학자들은 사람들이 저마다 '행복 기준점'을 갖고 있다고 말한다. 한 연구에 따르면, 큰 사고로 장애를 입은 사람들은 사고 직후에 분노를 느끼고 우울증에 빠지는 경우가 많다. 하지만 18개월이 되기 전에 사고 전 상태를 회복한다고 한다. 원래 행복했던 사람은 기본적으로 행복한 상태로 돌아가고, 전에도 행복하지 않았던 사람은 역시 전과 같은 수준으로 돌아간다는 것이다.

당신은 어떠한가? 얼마나 돈이 많아야 편안함을 느끼는지, 사람들과의 관계에서 얼마나 많은 즐거움을 느낄 것인지, 또 자기가 하는 일을 얼마나 좋아할 것인지, 내면에 설정된 기준점을 파악해보자. 당신의 내적 조절장치는 당신에 대해 잘못 규정하고 있을지도 모른다. 그러므로 부자지능지수를 높이려면, 내적 조절장치가 자신을 어떻게 방해하고 있는지 혹은 자신의 기대치가 너무 낮게 정해진 것은 아닌지 알아야 한다.

당신의 내적 조절장치가 집에 있는 온도 조절장치처럼 작동한다고 생각해보자. 실내온도를 23도에 맞춰 놓았다. 너무 추우면 히터가 켜져서 집을 따뜻하게 해줄 것이며 너무 더울 때는 에어컨이 가동돼 실내를 시원하게 식혀줄 것이다. 온도 조절장치를 맞춰 놓았기 때문에 바깥이 찌는 듯이 덥든 한파가 몰아치든 상관없이 언제나 쾌적한 실내온도를 유지할 수 있다.

건강한 자아존중감과 재정적 효율성을 갖고 있고 자신이 부자가 될 자격이 있다고 생각한다면 조절기의 눈금이 높게 맞춰져 있는 것이다. 이 경우 돈을 잃는 일이 생겨도 곧 만회할 방법을 찾는다. 반면 자존 감이 낮고, 재정적 효율성이 떨어지고, 건강한 권리의식을 갖추지 못했다면 눈금이 낮게 맞춰져 있는 것이다. 이 경우 돈이 있어도 무의식 적으로 잃을 방법을 찾게 된다. 당신이 '정상'이라고 느끼는 수준으로 돌아갈 때까지 말이다. 당신의 내적 조절장치는 끊임없이 당신을 기준점으로 되돌려 놓으려 한다. 그런데 그 기준점이 턱없이 낮은 수준 이라면? 특히 당신의 욕구와 바람을 충족시킬 만큼 돈을 충분히 벌고 있지 않다면 문제는 더 심각하다. '정상적'이라는 것은 단순히 익숙하고 예측 가능한 상태를 뜻한다. 불행을 느끼고, 스트레스를 받고, 빚을 지는 상황이라도 자신에게 익숙하면 '정상'처럼 느껴진다. 마치 자신의 운명이나 '팔자'인 것처럼. 정상으로 느끼는 기준점이 너무 낮으면 자신의 직감을 믿을 수 없게 되고, 그렇게 되면 풍족하지 않은 상태로 떨어져 영영 그렇게 살 수도 있다.

돈만 잃는 것이 아니다. 부자지능 조절기의 눈금이 너무 낮게 맞춰져 있으면 익숙한 상태로 돌아가기 위해 자신을 행복하게 해주는 것들로부터 도망칠 방법을 찾으려 할 것이다. 믿기지 않겠지만 사실이다.

변화는 두려울 수 있다. 더 나은 상태로 변화하는 것이라도 그렇다. 복권에 당첨되었던 데니스를 예로 들어보자. 그는 갑자기 낯선 상황에 처했고, 전혀 행복하지 않았다. 데니스는 그렇게 큰 부자로 사는 것에 익숙하지 않았고, 뭔가 부족하다는 기분만 들었다. 자신의 돈으로 세상을 변화시켜야 한다는 생각에 조급해졌다. 삶의 방향도 잃은 것 같았다. 그래서 그는 백만장자가 된 기쁨을 누리기는커녕 불안하고 우울해졌다. 그는 멀리 여행을 다니기 시작했다. 돈이 생기기 전에 알고 있던 사람들이 자신을 지켜본다는 부담감에서 벗어나기 위해서였다.

우리와 상담이 진행 중일 때, 데니스는 자신의 삶을 다르게 볼 계기가 될 만한 중요한 일을 겪었다. 할머니가 돌아가신 것이다. 장례식을 치르고 난 뒤 그가 우리를 찾아와 말했다.

"할머니는 그냥 평범한 여성이었습니다. 자기 삶을 사랑했고요. 저역시 평범한 사람입니다. 요즘 저는 원래의 저로 돌아가고 있습니다. 다시 행복해지기 시작했어요. 제가 좋아했던 일들을 다시 하게 되었거든요. 축구도 하고, 학교에서 자원봉사도 하고, 친구나 가족들을 만나러 다니기도 하죠. 이제 돈이 많아졌다고 세계적인 문제를 해결해야 한다는 생각은 하지 않게 되었습니다."

그의 사례는 돈에 대해 불편함을 느낄 때 사람들이 어떻게 하는지보여준다. 즉 사람들은 조절기의 눈금을 올리는 행동을 하거나 아니면 돈을 탕진함으로써 자신도 모르게 눈금을 낮춘다. 어느 쪽이 건강한 대응인지는 알 것이다. 다행히 데니스는 돈과의 관계를 새로운 방식으로 볼 수 있었다. 안락하게 살 수 있는 방식으로 말이다. 그는 자기가 가진 조절기의 눈금을 올렸다.

당신의 조절기는 여러 가지 요인들에 의해 눈금이 맞춰지며, 대부분은 어린 시절의 경험에 크게 영향을 받는다. 예컨대 돈이 곧 힘이라고 배웠지만 그 힘에 거부감을 느낀다면 당신의 눈금은 내려갈 것이다. 어쩌면 당신은 파멜라 같은 사람일 수도 있다. 행정보조직으로 일하는 그녀는 자신이 한 푼도 저축하지 못해 스트레스 받는다고 불평하며 돈을 더 많이 벌고 싶다고 말하곤 한다. 하지만 지금 살고 있는 방식을 매우 편안해한다. 마치 낡고 편안한 운동화처럼 말이다. 그녀는 부자지능 조절기를 높이고 싶다고 말하지만 그러기 위해 하는 일은 아무것도 없다. 눈금을 높이면 현재 자기가 가진 것을 잃게 될지 모른다는 무의식적 두려움 때문이다. 집에서 독립하거나 신분 상승이라곤 해본 적이 없는 4남매와 함께 브루클린의 노동자 가정에서 자란 그녀는 조절기의 눈금을 낮게 맞추는 것에 익숙해져 있었다. 언제까지나 가난하게 사는 것은 서글픈 일이다. 하지만 잘 알지도 못하는 새로운 것을 위해 현재의 삶을 버리고 싶지는 않을 것이다. 특히 부모와 형제, 친구들이 모두 당신과 비슷한 방식으로 살고 있다면 말이다.

다행히, 당신은 부자지능 조절기의 눈금을 낮게 맞추게 하는 과거의 경험과 두려움에서 벗어날 수 있다. 부자지능이 있는 사람들은 과거가 미치는 영향을 어떻게 다루어야 할지 배워서 알고 있다. 당신도 배울 수 있다. 자신의 부자지능지수를 파악하고, 그에 따라 의식적인 변화를 이루는 것이다.

조절기의 눈금을 어디에 맞추느냐 하는 것은 옳고 그름 차원의 문제가 아니다. 당신에게 맞기만 하다면 상관없다. 하지만 지금 이 책을 읽고 있는 당신은 자신의 눈금을 좀 더 높이고 싶어 할 가능성이 크다. 조절기의 눈금을 바꾸면 당신도 부자지능을 발현할 수 있다. 단, 그렇게 바꾸려면 노력이 필요하다. 당신의 무의식적 행동을 고쳐야 하기 때문이다.

알렉스는 돈을 더 많이 벌고 싶었지만 무슨 이유에선지 그렇게 되지 않았다. 우리에게 자신의 어린 시절에 관한 이야기를 들려주면서 그는 아버지가 평생을 연장 생산 공장에서 일했다고 했다. 노동자 계층의 뿌리에서 벗어나지 못했던 파멜라처럼, 알렉스는 무의식적으로 아버지보다 더 많은 돈을 버는 것은 아버지를 무시하는 짓이라고 느끼고 있었다.

속으로 숫자를 떠올리는 재미있는 연습을 하면 돈에 대한 조절기의 눈금을 맞추는 데 도움이 될 수 있다. 1년에 4만 달러를 번다면 어떤 기분이 들까? 7만 5,000달러는? 15만 달러는 어떨까? 25만 달러는? 그러다 어떤 점에 다다르면 조절기가 작동되고, 당신은 불편함을 느끼기 시작할 것이다. 그 이유를 찾는 것은 부자지능 조절기의 눈금을 올리는 데 매우 중요하다. 인생의 어느 때든 돈을 더 많이 벌게 될 수 있기 때문이다.

부자지능이 있는 사람들은 돈에 대해 이런 식의 불편함을 느끼지 않는다. 혹여 느낀다 하더라도 빨리 극복해낸다. 부를 이룬 사람들은 보통 그 사실에 대해 자부심을 갖고 있다. 그들은 "난 이렇게 되기 위해 열심히 일했어" "난 그럴 만한 자격이 있어"라고 말한다. 이것은 자만심이 아니다. 그저 자신이 그만 한 돈을 벌었다고 생각하는 것이다. 그들은 신이 나 있고 자신이 축복받은 존재이며 운이 좋다고 생각한다. 무엇보다 중요한 것은, 자신이 가진 재산을 불편해하지 않는다는 점이다. 이 사람들은 돈이 아니라 성취에 중점을 둔다. 그들에게 돈은 성취에 따른 행복한 부산물이며 성공으로 얻은 혜택일 뿐이다.

조절기의 눈금을 올리는 것은 인생에서 변화를 추구한다는 의미다. 그리고 앞서 말했듯, 변화는 불편함을 동반한다. 때로는 더 좋은 기분을 느끼기 전에(더 풍족해지는 것) 나쁜 기분부터(익숙한 것에서 멀어지는 것) 느끼게 될 수도 있다. 하지만 단기적인 불편함은 장기적인 이득을 위해 감수할 만한 가치가 있다.

부자지능 조절기의 눈금을 올려야겠다고 생각했다면 삶에서 어떤 불안을 느끼거나 우울해하고 있는 것일 수도 있다. 그것의 실체를 파악하고 조절기의 눈금을 올리자.

당신의 어떤 마음이 부자지능을 낮추고 있는가?

조절기의 눈금은 심리적인 방어기제와 직접적인 연관이 있다. 그 기제들이 당신에게 어떻게 도움 또는 방해가 되는지 알아보자.

우리는 모두 내면에 배움과 변화를 방해하는 심리적인 방어기제를 갖고 있다. 방어기제는 상상 속에서 혹은 실제로 느끼는 스트레스와 중압감으로부터 자신을 보호하려는 반응이다. 또 중요한 대처 기제이기도 하며 정신적인 평정심을 유지하는 데도 필요하다. 하지만 방어기제들은 느끼지 못하는 사이에 우리가 아무것도 하지 못하도록 발목을 잡는 심리적인 덫이 될 수도 있다. 방어기제를 쓰면 당장은 기분이 나아진 것 같고, 스트레스를 받는 상황에 더 잘 대응할 수 있을 것 같지만, 장기적으로는 우리가 할 수 있는 선택과 가능성이 제한될 수도 있다.

어떤 방어기제들은 가능한 것과 불가능한 것에 대한 우리의 인식을 바꿔놓기도 한다. 심리적 방어기제들을 색상이 각기 다른 안경들이라고 생각해보자. 해롭다고 인식되는 것들로부터 자신을 보호하기 위해 쓰는 안경이다. 어떤 때는 렌즈가 너무 어두워서 시야가 명확하지 않다. 또 어떤 때는 대상을 회피하기 위해 의도적으로 안경 뒤로 숨을 때도 있다. 물론 방어기제가 늘 부정적으로 기능하는 것만은 아니다. 경우에 따라서는 합리화, 부정, 회피, 분열(전적으로 옳거나 나쁘다고 생각하는 것) 같은 왜곡된 방어기제까지도 중요한 기능을 할 때가 있다. 적어도 아주 잠시 동안에는 현실에 대응하지 못하는 마음을 보호할 수 있기 때문이다.

하지만 자신의 방어기제를 인식하지 못하는 사람은, 방어기제에 따라 행동하는 자신을 합리화하기 위해 그릇된 믿음을 만들어내기도 한다. 왜 자신이 남과 다르게 생각하는지, 왜 스스로 행동방식이나 태도를 바꿀 수 없는지 그 '이유들'을 만들어내는 것이다. 그들은 자신이 성장하고 성공할 기회가 제한되어 있다고 생각하는 경향이 강하다. 왜 그럴까? 어쩌면 그들은 인생에서 올바른 롤모델을 찾지 못했거나 성공 기회를 얻지 못했을 수도 있다. 혹은 바른 행동방식과 태도를 배우고 발달시키는 법, 또 그렇지 않은 것들을 극복해내는 법을 교육받지 못했을 수도 있다.

방어기제는 일상생활의 한 부분이다. 하지만 부자지능이 있는 사람들은 방어기제 때문에 실수를 하더라도 그것을 핑계 삼지 않는다. 왜 자신이 돈을 더 많이 갖지 못하는가 하는 문제에는 더욱 그렇다. 대신 그들은 원하는 것을 얻기 위해 자신을 가장 잘 관리하는 방법을 배운다. 그들은 자신이 취하는 방어기제를 알고 있으며 경우에 따라 융통성 있게 이용할 수도 있다.

부자지능을 발휘하지 못하는 사람들은 부자지능의 기준점을 바꿀 때 자신의 방어기제와 충돌을 일으키곤 한다. 이런 방어기제들은 자신을 보호함으로써 안정감을 느끼게 해주고 앞일을 예측하게 할 수도 있지만 값비싼 대가를 요구하기도 한다. 부자지능의 눈금을 다시 맞추는 능력을 손상시키는 것이다.

다음은 부자지능의 눈금을 맞추는 데 가장 크게 방해가 되는 것들이다. 보통은 여러 가지 원인이 복합적으로 작동한다.

사람은 다들 자기가 누구이며 어떤 사람인지 스스로에게 이야기한다. 자기가 피해자나 순교자 같은 사람이라고 하기도 하고, 과중한 부담을 안고 있거나 혹사당하고 있다고 하기도 한다. 또 너무 바빠서 자신을 돌볼 시간이 없거나, 너무 영리해서 다른 사람에게 배울 것이 없다고 하기도 하고, 남들보다 특별한 존재이거나 더 나은 대접을 받을 자격이 있다고 말하기도 한다. 이런 식의 혼잣말은 자아를 인식하는 자연스러운 과정이다. 그러나 자신에 대한 진단이 잘못되었다면 문제가 달라진다. 잘못된 생각을 되풀이하는 것은 부정적일 뿐 아니라 잠재적으로는 자신을 파괴할 수도 있다. 더 중요한 것은, 이런 말들이 당신의 발전을 방해하고 진정으로 원하는 삶을 살지 못하게 한다는 것이다.

언젠가 삼십 대 중반의 데브라라는 여성과 상담한 적이 있었다. 그녀는 에너지가 넘쳤고 스스로 일을 만들어가는 프로다운 사람이었다. 그런데 그녀는 많은 돈을 벌었다가 곧 탕진하는 패턴을 반복하고 있었다. 지금까지 벌써 두 번이나 그런 일이 있었다고 했다. 수백만 달러를 벌었다가 다 날려버린 것이다.

"우리 집은 늘 사건의 연속이어서 안정적이지 못했어요. 아버지가 바람을 피우는 바람에 가족이 해체될 위기에 놓이기도 했죠. 제 어린 시절은 불확실성으로 가득했어요. 다음에 또 무슨 일이 터질지 알 수 없었으니까요."

생활이 늘 불확실하고 수시로 바뀌었다는 그녀의 이야기는 기본적으로는 사실이었다. 하지만 그것이 그녀가 자신을 파괴하고 가진 것을 다 잃게 되는 이유가 될 수 있을까? 데브라는 삶은 급변하는 것이라는 자신의 믿음이 현재의 행동을 유발하게 되었다는 것을 알아야 했다. 그녀는 자신이 편안하고 안정된 삶을 사는 것을 오히려 불편해한다는 것을 깨닫고 무척 놀랐다. 혼돈이 계속되는 삶이 훨씬 익숙하게 느껴졌던 것이다. 심지어 그녀는 이런 말도 했다. "맞아요, 저는 돈에 관한 한 롤러코스터 여왕이죠!" 그래서인지 문제를 깨닫고 나서도 데브라는 이를 해결할 방법을 찾지 않았다.

자신에 대한 잘못된 생각이 변화를 이루지 못하게 방해하고 있다고 우리가 지적하자 그녀의 첫 반응은 이랬다. "제가 얼마나 끔찍한 어린 시절을 보냈는지 믿지 못하는군요." 우리가 대답했다. "물론 믿습니다. 지금 당신이 처한 상황을 해결하기 위해 그 정보를 이용할 것인지 말 것인지 그냥 물어본 것뿐입니다."

그러나 결국 그녀도 자신에 대한 잘못된 생각이 성공을 어떻게 방해하고 있는지 이해하게 됐고, 지금 큰 대가를 치르고 있으며, 인생은 그렇게 격변하는 것이 아니라는 것을 깨달았다. 그녀는 자신이 성공하고 안정된 삶을 살 수 있으며 그럴 만한 자격이 있다고 믿어야 했다.

물론 그들이 말하는 과거가 거짓은 아니다. 그러나 과거의 일을 되풀이해서 말하다 보니 현재도 그런 것처럼 생각함으로써, 자신의 능력을 발휘하지 못하는 핑계로 삼거나 가능성을 제한하게 된다는 데 문제가 있다. 이런 생각은 누구나 쉽게 빠질 수 있는 덫이며, 건강하지 못한 스트레스 대처법이다.

돈에 관한 문제에서, 사람들은 자신이 왜 풍족하지 않은지를 설명하는 여러 이야기들을 갖고 있다. 대개는 이런 식이다. '나는 실패했고 그 이유는 이렇다.' 그들은 부분적인 사실을 완전한 사실로 만들어 그것에 의해 스스로를 규정한다. 또 자신이 살아온 이야기를 미래에 대한 절대적인 예언처럼 생각하기도 한다. 꼭 그런 것도 아닌데 말이다.

자신을 이해하는 것은 좋은 일이다. 하지만 거기에 너무 의존하면 자신의 문제를 지나치게 확대해석하고, 자신은 늘 억눌려 있거나 무능력한 존재라는 왜곡된 이미지를 갖게 된다. 이렇게 되면 풍족한 삶을 살 수 없다. 스스로를 제한하는 생각만 하게 될 뿐이다.

| 돈 문제를 일부러 망각하는 분열 |

전적으로 그렇거나 조금도 그렇지 않다고 생각하는 것을 심리학자들은 '분열splitting'이라는 방어기제로 설명한다. 이것은 자신이나 다른 사람을 전적으로 좋거나 전적으로 나쁘게 인식하는 자기방어 수단이다. 우리를 불안하게 만드는 것이 있으면 의식 세계에서 몰아내고, 대면할 수 있겠다는 생각이 들 때까지 일종의 심리 저장 은행에 가두어

두는 것이다. 우리를 불편하게 만드는 것이 생길 때마다 그 안에 넣어 놓으면 적어도 일시적으로는 잊어버릴 수 있다.

거의 모든 사람들이 일상생활에서 이런 형태의 자기방어기제를 사용한다. (그러지 않았기를 바라지만) 이 책을 읽고 있는 당신도 어쩌면 공상에 빠져 있었을지 모르겠다. 직장에서 일은 하지 않고 인터넷을 하거나 밤에 영화 보러 갈 생각에 잠겨 있었던 적이 없지는 않을 것이다. 이런 종류의 방어기제는 괴롭거나 지루한 현실에서 잠깐 벗어나 쉬는 시간을 갖게 함으로써, 머리를 개운하게 하거나 신나게 만든다. 당신이 장시간 탈선하지만 않는다면 이 또한 큰 도움이 될 수 있다. 하지만 중요한 일을 해야 할 때 이러고 있다면 곤란하다. 특히 돈을 관리하고 늘려야 할 때 이를 의도적으로 '잊고 있다면' 심각한 후폭풍이 닥칠 수 있다.

사람들은 신용카드 결제 대금을 확인하거나 계좌에 잔고를 남겨놓지 않았다는 것을 깨달으면(그래서 추가 비용을 내야 하면) 바보가 된 것처럼 느끼곤 한다. 하지만 이 방어기제는 지능과는 아무 상관이 없다. 돈과도 무관하다.

프랜시스는 영리하고, 책임감이 강하고, 유능하고, 기억력이 좋은 여성이다. 전화를 하고, 회의에 참석하고, 식품점에 누군가를 태우러 갈 일을 잊는 법이 없다. 그런데 고객들에게 청구서 보내는 일은 종종 '잊곤' 한다. 그녀는 여자는 돈에 신경 쓰면 안 된다는 말을 들으며 자랐기 때문에 돈과 관련된 문제에는 불안해지곤 했다. 그녀는 그런 문제를 잊거나 자신만의 '돈 안개'에 파묻혀 생활함으로써 무의식적으로 그런 불안을 약화시키려고 한다.

프랜시스만 그런 것이 아니다. 많은 사람들이 그렇다. 분열은 건전한 방어기제 가운데 가장 흔한 것이다. 돈에 관해서는 더욱 그렇다. 흔한 예로, 사장에게 급여를 인상해달라고 말할 생각이었지만 급한 프로젝트에 몰두하느라 잊어버릴 수도 있고, 새 직장에 신경 쓰느라 옛 직장의 노후연금 프로그램을 이전하는 것을 잊는 사람도 있다.

| 세상의 표준에 맞춰 살기를 바라는 사회·문화적 압력 |

일정한 방식으로 살기를 기대하는 사회의 압력은 알게 모르게 매우 강하다. 너무도 많은 사람들이 사회적으로 용인된 안정감을 느끼려고 혹은 그냥 기분이 좋아지려고 남들이 하는 대로 재정적인 결정을 내린다. 이처럼 '친구 따라 강남 가기' 식으로 다른 사람들을 따라 하다 보면 옷도 맵시 있게 입고, 멋지게 행동해야 하고, 그럴듯한 장소에서 그럴듯한 사람들과 함께 있어야 한다는 부담이 생긴다. 옷장에 옷이 가득한데도 행사 때마다 새 옷을 장만하거나, 필요하지도 않은 최신 스마트폰을 구입하는 것은 모두 이 때문이다. 파티에 초대받거나 클럽 혹은 단체에 가입하기 위해 많은 돈과 시간을 쏟아붓는 것도 마찬가지다.

그래도 이 경우는 시간과 돈을 잘 쓴 편에 속한다. 즐거울 수도 있고, 자신의 목표를 이루는 데 도움 되는 인맥을 형성할 기회가 있기 때문이다. 하지만 남들만큼 해야 한다는 부담을 너무 크게 느끼면 쓸데없는 일들에 돈과 시간만 낭비하게 된다. 겉보기에는 잘하고 있는 것 같지만, 체면을 유지하느라 분수에 넘치는 생활을 하다 보면 어느새 빚더미에 올라앉아 있는 자신을 발견하게 될 것이다. 건축가였던 데이비드를 기억하는가? 그와 그의 아내는 남들만큼 해야 한다는 강박 때문에 결국 수입을 벗어난 생활을 하게 되었다. 그래서 데이비드는 아무리 열심히 일해도 충분히 벌었다는 느낌을 가져보지 못했던 것이다.

| 마술적 사고와 환상 |

진정으로 풍요한 사람들은 자기가 한 행동에 적극적으로 책임지면서 자신의 삶을 주도한다. 반면 어떤 사람들은 변화가 저절로 일어나 주기를 바란다. 우리 각자의 마음속에 살고 있는 내면의 아이는 마술 같은 일이 일어나기를 끊임없이 바란다. 즉 완벽한 부모가 나타나 잘못된 것을 바로잡고 잃어버린 것을 찾아주기를, 백기사가 나타나 곤경에 처한 나를 구해주기를, 큰 소리로 말만 하면 소원이 이루어지기를 바라는 것이다. 부자지능을 갖추려면 어린 시절 즉 과거의 환상은 끝났으며, 이제 당신은 자신의 삶에 책임지는 어른이라는 사실을 직시해야 한다.

대표적인 예로, 날마다 절대 이루지 못할 꿈만 꾸는 남자가 있다. '언젠가 나는 유명한 소설가가 될 거야' 같은 식으로 말이다. 영원한 소년, 즉 피터팬 신드롬에 빠진 것이다. 이런 사람들은 자신의 꿈을 지지해 줄 아무런 사실이 없는데도 언젠가는 잘될 거라는 환상을 갖고 산다. 마술적인 사고는 기업 세계에서도 볼 수 있다. 매출이나 성과에 대한 예상 보고서를 작성할 때 그렇다. 겉보기에는 정말 그럴듯해 보인다. 하지만 당신이 기대하는 결과와 실제 결과는 큰 차이가 있을 수 있다.

마술적 사고는 극도로 낙관주의적이다. 자신과 자신의 미래에 대한 생각이 너무 낙관적이어서 현실을 밀쳐내고 마술적인 환상에 따라 이야기를 꾸민다. 그런 이야기를 생각하면서 미래를 설계하면 자연히 성공을 기대하게 되기 때문에 기분이 좋아진다. 하지만 그런 성공은 절대 일어나지 않는다. 당신이 느끼는 좋은 기분은 모래성 같은 것으로, 심리 치료 분야에서는 '언젠가 ~하기만 하면' 환상이라고 부른다. 즉 자신의 계획이 실현되도록 구체적으로 해야 할 일이나 취해야 할 행동들을 보지 않고 좋은 꿈만 꾸며 회피하려 하는 것이다.

우리 모두는 어느 정도 마술적인 생각을 갖고 있다. 꿈을 꾸는 것은 인간의 본성 중 하나다. 자기 자신과 자신이 처한 상황, 자신이 맺고 있는 인간관계를 이상화하는 것은 매우 흔한 일이다. 그것은 자연스러운 방어기제다. 희망이 있어야 삶도 발전할 수 있다. 낭만적인 사랑은 서로를 이상적인 존재로 생각하는 멋진 환상에서 시작된다. 그리고 그런 환상은 안 좋은 상황이 벌어졌을 때도 도움이 된다. 당신의 연인에게 화가 잔뜩 났을 때를 떠올려보라. 화는 나지만 한편으로는 여전히 그에 대한 깊은 애정과 사랑을 갖고 있을 것이다.

하지만 상상이 현실을 대신하기 시작하면 문제가 생긴다. 그런 사람들은 '언젠가는 우리 남편이 돈을 왕창 벌어올 거야' '사업에 세 번 실패하긴 했지만 언젠가는 꼭 성공할 거야' 같은 식으로 상상만 한다. 그들은 자신의 진짜 모습과 자기가 처한 현실을 있는 그대로 보지 않는다. 그래서 자신의 이상이나 상상을 현실로 만드는 데 필요한 실질적인 계획도 세우지 못하고 열심히 노력하지도 않는다.

| 발전을 방해하는 습관에 대한 집착 |

집착은 불교의 개념으로, 물건이나 사람을 갈망함으로써 허전함을 채우고, 만족감과 완전해짐을 느끼는 것이다. 소비에 중독된 사람들처럼, 집착에 빠지면 좀처럼 만족하지 못하고 늘 뭔가에 굶주려한다. 행크 바이너Hank Vyner 박사는 진료를 하고 학생들을 가르치던 의사 생활을 청산하고 속세를 떠나 히말라야 산맥에서 지내고 있다. 그곳에서 그는 티베트의 승려들과 '건강한 정신'의 본질에 관해 대화하고 연구하며 20년 넘도록 살고 있다. 그는 집착을 다음과 같이 정의했다.

"불자의 길을 가는 것은 자기 마음의 진정한 본질을 매 순간 정확히 알기 위해서다. 이를 위해 불교에서는 두 가지로 정신 활동을 설명한다. 하나는 자기중심적인 마음이며 다른 하나는 무아無我의 마음이다. 자기중심적인 마음은 우리를 익숙한 활동에 열중하게 만든다. 그리고 그 활동에 작위적으로 의미를 부여한다. 불교에서는 이것을 집착이라고 부른다. 자기중심적인 마음이 어떤 현상에 집착하면 그 현상에 부여된 의미에 매달리느라 결국 자기 마음의 진정한 본질을 깨닫지 못한다. 좀 더 구체적으로 말해서, 자기중심적인 마음은 어떤 활동을 할 때 다음의 세 가지를 투영함으로써 집착한다. 바로 정체성, 감정, 심리적 관성이다. 자기중심적인 마음은 비판, 억압, 애착, 집착 등에 따르는 행위들을 할 때 이런 개념들을 투영한다.

이와 대조적으로 무아의 마음은 '집착'하지 않기 때문에 진정한 본질을 알 수 있다. 불교에서는, 무아의 마음을 가지면 자신의 정신세계가 텅 비어 있음을 깨달음으로써 자신의 본질을 깨닫게 된다고 말한다."

심리적으로 무엇을, 어떻게 집착하느냐 하는 것은 습관에 의해 형성된 뇌 주름의 영향을 받는다. 습관은 인간 생활의 위대한 안내자다(데이비드 흄David Hume이 한 말이다). 하지만 우리의 뇌는 습관이 좋은지 나쁜지는 신경 쓰지 않고 그저 익숙한 행동 패턴만 유지하려고 한다. 부자지능이 없는 사람들은 약물 중독자든, 워커홀릭인 변호사든, 실의에 빠진 주부 등 상관없이 무의식적이지만 강력하게, 자기가 알고 있고 익숙한 패턴을 따르려고 한다.

부정이 늘 부정적인 방어기제는 아니다. 가끔 우리는 암 진단을 받았을 때처럼 충격적인 정보로부터 자신을 보호하기 위해 일시적으로 부정하기도 한다. 이런 식의 부정은 끔찍한 현실 때문에 좌절하는 대신 해야 할 일을 계속할 수 있게 도와준다.

부자지능이 있느냐 없느냐에 따라, 부정이 삶에 미치는 영향은 다르다. 아내가 이혼을 요구하는 상황을 가정해보자. 그럴 때 한순간 남자는 자기에게 생긴 일을 부정할지도 모른다. 부자지능이 없다면, 그런 일은 절대 일어나지 않을 거라고 부정하느라 상황을 개선하기 위한 어떤 노력도 하지 못한다. 그렇게 하면 의도와 달리 이혼을 부추기는 결과를 낳게 된다.

하지만 부자지능이 있는 사람이라면 '나는 이혼을 원하지 않는다. 그렇다면 어떻게 해야 할까?'라고 생각할 것이다. 그는 부정하는 대신, 아내가 느끼는 기분을 이해함으로써 문제를 해결하려 노력할 것이며 그 결과 부부 관계를 다시 회복할 수 있을 것이다. 부정은 당신이 꼭 알아야 할 중요한 신호가 될 수도 있는 감정들을 밀쳐내 버린다. 당신에게 전달된 신호를 정확히 읽어야 긍정적이고 효과적인 행동을 취할 수 있는데 말이다.

부자지능이 없는 사람은 사업이 부도 위기에 몰릴 만큼 어려워져도 그 사실을 부정하고 '주식 시장이 곧 좋아질 거야' '내일은 나아지겠지' 같은 생각을 한다. 반면 부자지능이 있는 사람은 현실을 인정할 뿐 아니라 그 상황에 어떻게 대처해야 할지도 알고 있다.

| 의식적인 회피 |

회피는 부정보다 좀 더 의도적인 방어기제다. 회피는 자신이 어떤 상황이나 문제를 마주하지 않으려 한다는 것을 알고 하는 것이다. 예를 들면 이런 식이다. '나는 치과에 가야 한다는 것을 알고 있다. 하지만 가고 싶지 않다. 그러니 예약을 하지 말자.' 이와 달리 부정은 스케일링을 해야 하거나 충치가 생겼는데도 '내 치아 상태는 괜찮다. 그러니 치과에 갈 필요가 없다'라고 생각하는 것이다.

회피의 또 다른 예를 들면 이렇다. '아내에게 화가 난다. 하지만 대화하고 싶지는 않다. 너무 피곤해지기 때문이다.' 직장에서도 업무와 관련한 소통을 회피하고 싶을 때가 있다. 상사에게 가기가 싫거나 지적받을까 두렵기 때문이다. 두 경우 모두 자신이 뭘 해야 할지는 안다. 그저 하기 싫을 뿐이다. 하지만 회피를 하면 쉽게 해결할 문제도 복잡해질 수 있다.

복권에 당첨되었던 데니스는 돈에 대한 자신의 불편한 감정을 외면했다. 그 때문에 사람들도 피하려고 했다. 복권에 당첨된 후 1년 동안은 아무도 모르는 외국에서 지냈다. 사람들에게 무슨 말을 해야 할지도 몰랐고 시간을 어떻게 써야 할지도 몰랐다. 그래서 그는 난감한 상황을 회피함으로써 불편함을 해결했다.

건축가인 데이비드는 지금 하는 일이 더 이상 자신과 맞지 않다는 것, 버는 것보다 더 많이 쓰고 있다는 것, 업무 성과가 좋지 않다는 것, '옳게 행동한다고 생각했던 것'이 더 이상 옳지 않다는 것 등 여러 가지 힘겨운 현실들로부터 도망쳤다.

친구 아니면 적이 되는 흑백논리

이 기제를 쓰는 사람들은 어떤 사람이 저지른 죄나 잘못을 모두 들춰내서 그 사람을 전면적으로 비난하곤 한다. 심한 경우에는 한때 몹시 좋아했던 사람을 적으로 간주해버리기도 한다. 그래서 수년간 절친한 사이로 지냈더라도 한번 자기를 배신하면 그 친구와의 관계를 끊어버린다. 새 애인이나 상사를 완벽한 구세주이거나 '오랫동안 잊고 지냈던 자신의 일부'라고 생각하는 것도 또 다른 극단적인 예다.

이런 흑백논리의 사고방식을 가지면 세상이 영웅과 악당, 이긴 자와 진 자, 가해자와 피해자로만 이루어져 있다고 생각하게 된다. 부담을 느끼는 상황이라면 더욱 그렇다. 어린아이라면 세상을 이런 식으로 보는 것이 정상이다. 하지만 사춘기를 지나 성인으로 접어드는 적당한 시기가 되면 이런 사고에서 벗어나야 한다. 그 과정에서 우리는 통합하는 능력을 발달시킴으로써, 자기 내부와 다른 사람과의 관계에서 생기는 다양한 감정과 사고를 경험할 수 있다. 통합을 통해 정신적인 관계는 흑과 백 둘로 나뉘는 것이 아니라 각기 다른 명암의 회색처럼 복잡하다는 것을 이해하게 된다. 하지만 통합하는 능력이 크게 부족하거나 분열 방어기제를 습관적으로 쓰는 사람들은 실망을 느낄 때마다 사람들을 악당 취급하며 일이 잘못된 책임을 그들에게 돌린다. 그렇게 함으로써 그들은 자신의 부족함과 자기가 잘못한 부분을 인정해야 하는 고통에서 벗어난다.

부자지능이 있는 사람들은 세상이 흑과 백이 아니라 다양한 밝기의 회색빛으로 이루어져 있음을 보고자 노력한다. 2장에서 사람을 중시했던 론을 기억하는가? 그는 늘 사람들을 좋은 쪽으로 믿으려고 했고 자신을 실망시켜도 다시 기회를 주었다. 스트레스가 심할 때는 갈등이 일어난 상황이나 사람을 잠시 흑백논리로 재단하기도 했지만, 재빨리 그런 시각은 생산적이지 못하다고 스스로를 일깨웠다. 그는 흑백논리로 인식한 상황은 믿지 않았다. 회색의 영역을 볼 줄 알아야 문제를 더욱 융통성 있게 보고 잠재적인 해결책도 찾을 수 있다는 것을 알고 있었다. 누군가에게 심한 상처를 받았다고 해서 그 사람을 악마처럼 여기는 것은 귀중한 마음의 에너지를 낭비하는 행위라는 것도 알고 있었다.

스트레스가 심한 사람은 자율신경계의 '공격 혹은 회피' 반응과 비슷한 심리적 방어기제를 사용하는 경향이 있다. 궁지에 몰리거나 진짜 위험한 순간에 처했다는 생각이 들면, 있는 힘껏 싸우거나 최대한 빨리 도망치는 것이다. 남편이 돈을 많이 벌어오는데도 아내가 사사건건 잔소리하고 사고 싶은 것을 못 사게 하면 남편은 이런 식의 흑백 사고에 빠져들 수 있다. '왜 내가 하고 싶은 것도 못해? 돈은 내가 벌잖아. 그러니까 내가 쓰고 싶은 데 써야 한다고!' 실제로 우리는 이런 울분을 토하는 고객을 여럿 봤다. 이 논리가 심화되면 결국 흑과백 사이의 중간 부분을 보지 못하게 된다. 하지만 그런 극단적인 생각이 들 때도 재빨리 자신을 추슬러서 문제에 좀 더 유연하게 접근하는 방법을 찾을 수 있다.

| 책임을 떠넘기는 투사 |

투사는 자신의 문제를 다른 사람에게서 찾아 비난의 화살을 돌리는 것이다. 쉽게 말해 남 탓하기, 책임 떠넘기기다. 남자는 '아내가 쇼핑에 중독되지만 않았다면 은퇴 자금을 더 많이 마련할 수 있을 텐데'라고 생각하고, 여자는 '남편이 회사 일을 잘하면 승진도 하고 더 안정적일 텐데'라고 생각하는 식이다. 이들이 서로를 비난하는 것은 실제로는 아내의 쇼핑이나 남편의 성과가 아니라 자기들이 느끼는 부족함 그리고 미래에 대한 불안과 두려움에 관한 것이다. 사람들은 책임을 다른 이에게 떠넘김으로써 자신이 싸워야 할 불안과 무능력, 죄의

식에서 벗어나려고 한다.

물론 삶은 우리가 통제할 수 없는 외적인 요소의 영향도 받는다. 이런 요소를 탓하는 것은 투사가 아니다. 사회경제적인 힘은 개인의 경제적 행복에 상당한 영향을 미친다. 당신이나 주위의 누군가가 경기 침체의 여파로 직장이나 집을 잃었다면, 외부 상황의 힘이 얼마나 파괴적일 수 있는지 잘 알 것이다. 이런 손실은 외적인 요인이 작용한 결과이지 개인의 방어기제 때문에 생긴 것이 아니다. 직장 잃은 것을 놓고 자기 비난의 덫에 빠지지 않는 것은 매우 중요한 일이다. 업무능력이 부족해서가 아니라 회사가 규모를 축소하거나 직원들을 정리 해고하는 차원에서 그렇게 된 것이라면 더욱 그렇다. 이런 상황을 겪게 만든 사회경제적인 상황에 분노하는 것은 정당하다. 이와 달리 투사를 하는 사람들은 돈이 없거나 성공하지 못한 책임을 늘 다른 사람에게 돌리며, 그들 때문에 자신이 돈도 못 벌고 불행하다고 말한다.

부자지능이 있든 없든 우리 모두는 가끔 이들의 희생양이 될 때가 있다. 우리 고객인 댄은 아내에게 모든 힘이 다 있고, 자신은 집에서 감옥에 갇힌 죄수 꼴로 지낸다고 했다. 그는 직장에서 날마다 중대한 결정을 내리는 매우 영향력 있는 사람이다. 하지만 집에서는 아내에게 주도권을 빼앗겼다며 아내를 탓했다. 그러나 부자지능이 막혀 있지 않은 사람이라면, 결국 어떻게든 주도의식을 회복하고 자신이 처한 상황에 책임을 지며, 자신이 느끼는 불편한 감정을 다른 사람에게 투사하지 않는다.

과거에 얽매이는 것

우리가 갖고 있는 생각은 그동안 살면서 겪은 모든 개인적인 경험을 바탕으로 한다. 정신분석이론에 따르면 자신에 대해 생각하는 것은 과거를 '다시 찾는' 과정의 일부다. 가끔은 이런 과정이 도움될 때도 있다. 만약 당신의 부모님이 무척 훌륭한 분이셨다면, 당신은 결혼상대를 찾을 때 과거 부모님에게서 보았던 긍정적인 자질을 상대가 갖고 있는지 눈여겨보게 될 것이다. 당신의 말에 귀 기울여주고, 아낌없이 사랑해주고, 당신의 행복을 진심으로 바라는지 말이다.

하지만 뇌에 새겨진 패턴과 습관의 힘은 익숙한 것뿐 아니라 부정적인 것까지도 다시 찾게 만든다. 어렸을 때 가족으로부터 학대당했던 사람이 어른이 되어 그 행동을 되풀이하는 것을 보면 알 수 있다. 알코올 중독인 부모 밑에서 자란 아이가 커서 알코올 중독이 되는 것처럼 말이다.

아동기나 사춘기 때의 경험은 어른이 된 뒤의 가치관에 강력한 영향을 미친다. 어렸을 때 가난하게 자란 사람이 어른이 되어서 돈을 많이 벌면 몹시 불안해하는 경우가 있다. 자기가 살아왔던 것과 너무 동떨어졌기 때문이다. 그래서 익숙하고 잘 알던 것으로 돌아가고픈 충동을 느끼기도 한다. 돈에 관여하면 안 된다거나 돈에 대해 이야기하고 생각하는 것은 흉하다는 말을 듣고 자라는 것도 상당한 영향을 미친다. 그런 사람은 어른이 되었을 때 돈 문제만 나오면 큰 불안을 느끼게 된다. 다른 부분은 흠 잡을 데 없는 사람도 돈 문제만 나오면 멍해져 버리는 것이다.

부자지능을 발휘하는 비결 중 하나는, 살면서 지금까지 들었거나 본보기로 삼아왔던 돈에 관한 메시지들을 제대로 인식하고 비판적으로 바라본 다음, 돈에 대해 주도적으로 생각하는 것이다. 그렇지 않으면 과거에 끌려다니거나, 과거로 회귀하는 반응을 보일 수도 있다.

| 돈은 악의 근원이라는 생각 |

과거 경험뿐 아니라 종교와 문화도 정체성 발달에 중요한 역할을 한다. 특히 돈에 관해서는 더욱 그렇다. 쾌락을 위해 돈을 쓰는 것이 나쁘다고 배우며 자란 사람은 소비에서 전혀 즐거움을 느끼지 못할 수도 있다. 살 곳과 먹을 것을 마련하는 데 돈을 쓸 수는 있지만 재미있고, 창의적이고, 뭔가를 배우는 일에는 쓰지 못하는 것이다.

문화와 종교는 사람들에게 돈에 관한 조직적인 믿음을 심어놓는다. 돈은 오로지 신의 것이므로, 자선의 형태로 환원해야 한다고 믿는 사람들도 있다. 어떤 문화권에는 돈에 대해 일정한 견해가 퍼져 있으며, 돈에 대한 정신적인 문제를 다루는 기구도 마련해 놓고 있다. 사람들이 부자지능 조절기의 눈금을 낮추게 하는 문화적인 믿음들도 있다. 예를 들어, '돈은 악의 근원이다'라는 믿음은 사람들이 원래부터 갖고 있던 불안이나 죄의식을 부추기며 스스로를 망치는 행동을 하게 할 수 있다.

당신의 믿음이 옳고 그르냐를 따지자는 것이 아니다. 모든 문화와 종교는 그들 고유의 아름다움과 지혜를 갖고 있다. 문제는 당신이 자라며 배운 믿음을 어떻게 적용하느냐다. 특히 그것이 조절기의 온도를 올리는 데 방해가 될 경우에는 어떻게 해야 하는가? 문화·종교적인 믿음은 그 힘이 매우 강하다. 그래서 그런 믿음에 위배되는 행동을 하고 나면 죄의식을 느끼고, 우울증에 빠지고, 결국 자신을 파괴하는 행동을 함으로써 스스로에게 벌을 준다.

부자지능이 있는 사람들은 자신을 제한하는 믿음을 극복하고 그 너머를 보려고 노력한다. 그들은 자신의 종교나 믿음을 존중하되, 그런 마음이 부자지능을 발휘하고 금전적, 개인적으로 만족스러운 삶을 사는 데 방해가 되지 않도록 한다.

| 부자들에 대한 편견 |

부자들에 대해 부정적인 감정을 갖고 있다면, 당신은 자기도 모르게 부자가 되기 위한 노력을 게을리해도 되는 이유를 찾고 있는지도 모른다. 안타까운 것은 이런 사람이 너무 많다는 것이다.

조니 브론프먼Joanie Bronfman 박사는 자신의 박사 논문에서 부자들을 부정적으로 생각하는 사람이 많은 이유를 이렇게 설명했다.

"부자는 인간성이나 개성, 취약점이 전혀 없는 대상으로 개념화된다. 사람들은 부자들을 대상화함으로써 질투와 증오 같은 감정을 별 거리낌 없이 표출하고, 부에 대한 자신의 생각과 선입견이 잘못되었다는 것을 인정하지 않는다. 그 예로, 사람들은 부자들 중에서도 고통과 두려움이 자극이 되어 부를 이룬 사람이 있다는 것을 알려고 하지 않는다. 그저 부자들은 오만함과 탐욕 덩어리라고 치부할 뿐이다."

당신도 이렇게 생각하는가? 그렇다면 당신의 무의식은 지금 부자지능 조절기를 올리지 못하도록 방해하고 있는 것이다.

방어기제를 관리하라

지금쯤이면 당신은 자신의 생각과 행동이 부자지능이 있는 사람들과 비슷한지 아닌지, 그 중간인지 어느 정도 인식하게 되었을 것이다. 그렇다면 스스로를 칭찬해주자. 자신에 대한 자각이야말로 가장 중요한 첫 단계이기 때문이다. 이제는 아무 비판 없이, 당신의 마음이 어떻게 작용하고 있는지 알아야 할 차례다. 골프 시합에서 계획 짜는 법을 배우고 잘 치기 위해 집중할 때 자신의 마음이 어떻게 작용하는지 관찰하는 식으로 말이다.

배움에 방해가 되는 방어기제들을 쓰고 있다고 해서 미리부터 좌절할 일은 아니다. 당신이 위험을 감수하는 것을 좋아하지 않는다고 가정해보자. 그러는 데는 몇 가지 이유가 있을 것이다. 위험을 감수한다는 생각 자체가 두렵거나 자신과 맞지 않다고 생각할 수도 있다. 그렇다고 꼭 고쳐야 하는 것은 아니다. 어떤 방어기제들은 심리적인 안정을 유지하기 위해 필요하다는 것을 잊지 말자. 그런 기제들은 당신이 감당하지 못하는 것들로부터 당신을 보호해주고, 쓸데없는 것을 버리려다 중요한 것까지 잃게 만드는 행동을 미연에 방지해준다.

자신이 특정한 심리적 방어기제를 언제, 어떻게 쓰고 있는지 파악하려면 먼저 자신의 기준점부터 확인해야 한다. 직장에서든 개인 생활에서든, 일상에서 겪는 스트레스와 변화에 어떻게 대처하고 있는지 알아야 한다는 뜻이다. 당신도 분명 궁지에 몰리거나 가족과 한창 다툴 때면 가끔씩 쓰는 방어기제가 있을 것이다. 대부분 다 그렇다. 그렇다면 걱정했던 일이 사실은 그리 대단한 것이 아님을 알게 되었거나 마음이 진정되었을 때, 당신은 부정적인 방어기제들을 계속 쓰는가 아니면 그보다는 좀 덜 극단적인 기제들을 이용하는가?

방어기제를 쓸 때는 얻는 것도 있고 잃는 것도 있다. 이 점을 알고 있다면 잃는 것보다 얻는 것에 무게를 두고, 어떤 것들이 당신에게 도움이 될지 의식적인 결정을 내릴 수 있다. 중요한 것은 자신이 어떤 행동을 하고 있고 왜 그렇게 행동하고 있는지 의식하고 있어야 한다는 것이다. 당신이 해야 할 일은, 방어기제를 잘 관리해서 자신이 가진 능력은 최대화하고 고쳐야 할 문제들은 최소화하는 것이다. 이제

부터는 당신의 부자지능지수를 확인하고, 부자지능을 성취하는 데 방해가 되는 행동들을 어떻게 고쳐나갈 것인지 알아보자.

6장

당신의
부자지능은 몇 점?

Determine Your Total Affluence
Intelligence Quotient

우리 고객들 중 정말 풍요하게 사는 이들에게는 공통점이 있다. 계획을 세우고 따르는 것에 큰 가치를 부여한다는 점이다. 또 그들은 자신의 주변 상황을 최대한 통제한다. 물론 완벽히 통제할 수 없다는 것도 잘 알고 있지만, 그렇다고 해서 통제하려는 노력을 게을리하지는 않는다.

동시에 우리는 부자지능을 발휘하지 못하는 사람들이 탄탄하고 전략적인 계획을 세우지 못하는 것을 보고도 역시 놀랐다. 그들은 계획을 세우는 데 훨씬 소극적이며 때로는 아무 생각이 없을 때도 있다. 물론 수동적인 사람들도 성공할 수는 있다. 어떤 결정도 내리지 않고, 세상이 자신에게 무엇을 보내줄지 가만히 기다리는 것도 계획은 계획이다. 또 그렇게 하는 것을 가치 있게 여기는 사람도 있다. 당신 주변에도 계획 없이 사는 것을 좋아하는 사람이 있을 것이다. 그들은 저절로 되는 것 즉 '자기에게 일어난 일을 그대로 따르는 것'에 가치를 두며, 잘될 일이라면 어떻게든 잘될 거라는 믿음을 갖고 있다.

그렇게 해서 자신이 원하는 풍족함을 누릴 수 있다면 괜찮다. 하지만 그렇지 못하고 돈이 없거나 불만족스러운 상황을 불평하고 있다면, 그 사람은 계획을 세우지 않는 것을 하나의 방어기제 즉 마술적 사고와 회피의 연장으로 이용하고 있을 가능성이 크다. 가끔은, 드물긴 하지만, 모든 것을 손에서 놔 버리거나 '세상에 맡겨 버렸을 때' 마술 같은 일이 일어나는 것 같을 때가 있다. 하지만 아무리 합리화를 해도 계획이 없다는 것은 계획을 세우고 실행하는 과정에 들이는 힘든 노력과 복잡한 판단을 너무 쉽게 회피하는 것일 뿐이다.

부자지능이 있는 사람들도 세상이 만들어준 기회를 즐겁게 받아들이기는 하지만 그것에만 의존하지는 않는다. 변화해야 할 '뭔가'가 언제 올지 어떻게 알고 기다리겠는가? 대신 그들은 점점 진화하고 발전하는 계획을 세운다.

그래서 우리도 계획을 세웠다. 우리가 제시한 계획을 따르면, 당신도 우리 고객들처럼 부자지능을 발휘할 수 있을 것이다. 이 계획을 따르면 자신의 삶을 주도하면서 풍요함의 일곱 요소를 갖춘 자기만의 삶의 방식을 발견하게 될 것이다. 그러고 나면 1장의 하워드처럼, 늘 얼굴에 미소가 감돌고, 마음이 가벼워지고, 당신에게 부자지능이 있다는 것을 주변 사람들이 인정하게 만드는 '특별한 무언가'를 갖게 될 것이다.

부자지능 평가: 나는 어떤 사람인가?

이 계획은 자신의 부자지능지수를 확인하는 것으로 시작한다. 앞서 구한 우선순위 점수(93쪽), 행동방식과 태도 점수(135쪽), 재정적 효율성 점수(156쪽)를 각각 아래에 기입한 뒤, 총합을 계산하여 자신의 부자지능지수를 산출해보자.

당신의 부자지능지수(AIQ)

A 부분 총점	_____점
B 부분 총점	_____점
C 부분 총점	_____점
부자지능지수(A+B+C)	_____점

총점을 보면 태도, 행동방식, 재정적 효율성, 우선순위에 따라 살 수 있는 능력의 시너지 효과가 얼마나 되는지 알 수 있다. 우선 총점이 갖는 의미부터 살펴보자.

- 140점 이상 : 100% 부자지능을 갖고 있다!
- 120~139점 : 매우 강력한 자원을 보유하고 있으며 철저히 우선순위에 따라 살고 있다.
- 110~119점 : 뛰어난 자원을 보유하고 있으며 대부분 우선순위에 따라 살고 있다.

- 90~109점 : 보통 수준의 자원을 보유하고 있으며 어느 정도는 우선순위에 따라 살고 있다.
- 80~89점 : 자원이 조금 취약하며, 우선순위가 삶에 그리 큰 영향을 미치지는 못한다.
- 70~79점 : 자원이 매우 취약하며 우선순위와 전혀 상관없이 살고 있다.

| 상위 득점자(120점 이상) |

축하한다! 당신은 부자지능의 최고점 그룹에 속한다. 당신은 부자지능을 발휘하고 있으며, 자신의 우선순위에 따르는 만족스러운 삶을 살고 있다. 풍족함을 구성하는 요소들도 고루 갖추고 있다.

부자지능의 눈금을 높이 맞춘다는 것은 긍정적인 태도와 융통성을 갖고 변화에 임하고 있으며, 삶에 대해 전반적으로 만족하고 있다는 의미다. 당신이 쓰는 심리적 방어기제는 원하는 것을 얻는 데 도움이 되는 쪽으로 작동한다. 태도와 행동방식, 재정적 효율성에서 일부 취약한 부분이 있더라도 다른 부분의 강점이 완충하는 역할을 하거나 균형을 맞춰주고 있다.

이 정도 점수가 나왔다면 당신은 지금 풍족함을 느끼며 삶에 전반적으로 만족하고 있어야 한다. 하지만 점수가 나타내는 만큼 풍족함을 느끼지 못하고 있다면, 자신이 어떤 부분에 강한지 잘 살펴보고 집중하는 것은 어떤가? 또 점수가 잘 나오지 않았던 행동방식이나 태도가 무엇인지 확인해서 변화함으로써 높일 수도 있다. 5장에서 설명한 것처럼, 자신을 가로막는 것이 무엇인지 확인해볼 수도 있다.

| 중간 득점자(90~119점) |

당신은 몇 가지 분명한 강점을 갖고 있으며, 그 강점들을 이용해 기회를 얻을 수 있다는 것을 스스로도 알고 있다. 단, 그런 부분을 과소평가하거나 당연한 것으로 생각해서는 안 된다. 자신이 어떤 강점을 갖고 있는지 알고, 어려울 때나 기회를 만났을 때 그 강점들을 활용할 수 있음을 아는 것은 매우 중요하다. '강점을 따르라'는 말도 있지 않은가. 이 말은 자신에 대한 좋은 점을 모두 받아들여서 부자지능 조절기의 눈금을 높일 것인지 말 것인지 결정하라는 뜻이다. 지금 당신은 진짜 바라는 대로 우선순위의 순서를 정하지 못하고 있을지도 모른다. 현실과 이상에 대해 진지하게 생각해보라. 그런 다음 당신의 발전을 가로막는 취약점들을 철저히 들여다보라. 점수가 특히 낮게 나온 항목이 있다면 그 부분을 집중적으로 노력해 개선함으로써 점수를 높이고 부자지능을 높일 수도 있다.

강한 부분이 많다는 것은, 살면서 겪는 여러 상황에 효율적으로 대처할 수 있는 자원을 많이 확보하고 있다는 뜻이다. 지금 상태로 만족할 수도 있지만, 좀 더 노력해서 태도와 행동방식을 변화시킨다면 부자지능을 더 크게 발휘해서 더욱 많은 선택을 할 수 있고, 풍요한 삶을 누릴 기회도 늘어날 것이다.

| 하위 득점자(90점 미만) |

일상생활에서 우선순위에 따른다고는 하지만, 실제 행하는 것보다 원하는 것이 훨씬 많은 경우다. 이 점수는 현재의 모습과 자신이 원하는 모습의 간극이 크거나, 원하는 것을 이루지 못하게 가로막는 행동 방식과 태도가 있음을 의미한다. 점수를 자세히 살펴보면 재정적 편안함이든, 회복력이든, 야망이든, 고치고 싶은 행동방식이나 태도가 한두 가지는 있을 것이다. 이런 부분을 일종의 근육이라고 생각하자. 평소 잘 쓰지 않는 근육을 운동으로 발달시키는 것이다. 그리고 3개월이나 1년 뒤에 얼마나 바뀔 수 있는지 현실적으로 생각해보자.

5장을 다시 읽어보고 당신에게 도움이 되거나 방해가 되는 기제들에 대해서도 잘 생각해보자. 당신을 가로막는 방어기제나 행동 습성이 무엇인지 알았다면, 그 부분을 변화시키기 위해 취할 수 있는 행동단계를 생각해보자. 점수가 낮은 것은 지능이나 능력과는 아무 상관이 없다는 것을 잊지 말자. 그것은 오히려 당신의 삶이 크게 개선될 기회가 있다는 것을 알려주는 신호다.

약점을 만회하기보다는 잘하는 것에 집중하고 싶은가? 아니면 현 상태에 만족하고 있는 그대로 받아들이고 싶은가? 변화에 대해 당신이 느끼는 내적, 외적인 압력에 대해 생각해보라. 혹시 삶에 대해 너무 이상적인 시각을 갖고 있는 것은 아닌가? 아니면 부자지능지수를 검사하면서 자신에 대해 지나치게 비판적이었을 수도 있다.

만약 부자지능지수가 지나치게 높거나 낮게 나왔다면 가까운 친구나 동료, 배우자에게 당신 대신 테스트를 하게 하자. 너무 자신만만하거나 긍정적인 생각에서 혹은 지나치게 겸손하거나 부정적인 시각에서 자신의 행동방식과 태도를 평가했을 수도 있다. 친구가 기록한 점수와 당신의 점수를 비교해서 평균을 내보면 훨씬 현실적인 점수를 얻을 수 있을 것이다.

강점과 약점이 부자지능에 어떤 영향을 미칠까?

이제 당신은 자신의 강점과 약점을 알았으므로 5장에 나온 방어기제를 잘 활용할 수 있을 것이다. 스스로에게 다음과 같이 질문해보자.

- 내가 쓰는 방어기제들은 나를 하나의 존재로 인식하고, 나의 독특한 개성을 인식하는 데 어떤 도움을 주는가? 또 스트레스와 변화에 대처하는 데 어떤 도움이 되는가? 나의 일상생활을 지지해주는 방어기제들에는 어떤 것이 있는가?
- 내가 쓰는 특정한 방어기제는 부자지능을 발휘하는 것을 어떻게 막고 있으며, 어떻게 옛 사고방식과 행동에 빠져 있게 만드는가?

한때 도움이 되었던 방어기제라도 현재의 삶 그리고 앞으로 바라는 삶에는 더 이상 맞지 않을 수 있다는 것을 알아야 한다.

이해를 돕기 위해 케이티와 데이비드, 두 고객의 사례를 살펴보고 각각 강점과 약점이 부자지능지수에 어떻게 나타나는지 확인해보자.

| 케이티의 강점과 약점 |

마흔여덟 살인 케이티는 혼자 아이를 키우며 사회복지사업의 행정 담당자로 일하고 있다. 그녀는 적극적으로 사회 활동을 하는 활기찬 여성이며 똑똑하고 명랑하다. 많은 친구들은 그녀에 대해 믿고 의지할 수 있는 사람이라고 말한다. 그만큼 케이티는 인간관계를 유지하는 데 많은 시간을 들이고 있다.

그녀의 수입은 그럭저럭 생계를 유지할 만한 정도다. 그녀 역시 많

표 6.1 | A 부분 : 케이티의 우선순위와 점수 차

	1단계: 오늘	2단계: 오늘부터 1년 뒤	3단계: 차이
부유함	6	5	1
사람	2	3	1
생산성(일)	1	1	0
생산성(기타 활동)	3	2	1
열정	4	6	2
평화	5	4	1

4단계: 전체 차이 (**3단계에서 나온 점수 차를 합산해서 총 점수 차를 구한다.**)

총 점수 차=6
A부분 총점: 30점

표 6.2 | B 부분 : 케이티의 행동방식과 태도

1. 회복력	6
2. 자기표현력	9
3. 대인관계능력	9
4. 열심히 하는 능력	6
5. 낙관주의	6
6. 열린 마음	9
7. 자기 삶에 대한 주도의식	8
8. 야망	4
B 부분 총점:	57점

표 6.3 | C 부분 : 케이티의 재정적 효율성

1. 재정적 능력	4.5
2. 재정적 편안함	4.5
C 부분 총점:	9점

케이티의 부자지능지수(A + B + C) = 96점(중간급)

은 사람들처럼 불황 때 자산에 상당한 타격을 입었다. 딸의 대학 학비를 위해 저축을 하고 있지만 그 돈도 불황의 여파로 많이 줄어든 상태다. 그녀는 딸이 대학에 입학해도 학비를 대지 못할까 봐 걱정한다.

십 대 때부터 케이티는 곤경에 빠지거나 어려움에 처한 사람들을 돕는 일을 하고 싶어 했다. 그래서 상담사 교육을 받고 그 분야에서 20년 동안 일했다. 취업난을 감안하면 그녀는 자신이 비교적 운이 좋다고 생각했지만, 승진하거나 자신의 능력을 폭넓게 펼칠 기회는 좀처럼 오지 않았다. 그러다 보니 하던 일이 슬슬 지겨워졌다. 동물을 유난히 좋아하는 그녀는 결국 더 많은 돈을 벌기 위해 동물 훈련 사업을 시작했다.

케이티는 은퇴 후에 시골에서 살고 싶었다. 친구들이 많이 있는 곳에 땅을 조금 사서 자그마한 집을 지을 계획이다. 하지만 쉰 번째 생일이 얼마 안 남은 요즘 그녀는 자신의 목표를 이루기 어렵다는 것을 깨닫고 있다. 5년 전 15년간의 결혼 생활에 종지부를 찍은 그녀는 아직 새로운 인생의 파트너를 만나지 못하고 있다. 케이티는 더욱 평화롭게 살기를 원하며 건강에 좀 더 신경 쓰고 싶어 한다. 등에 고질적인 통증이 있기 때문에 요가를 배우고 마사지도 좀 더 자주 받았으면 좋겠다고 생각한다. 고등학교 3학년인 딸과는 아주 사이가 좋지만 딸이 곧 대학에 들어가면 혼자 지내야 한다.

케이티는 돈을 잘 관리하지도 못하고 늘 충분히 못 번다고 불평하지만, 사실 돈이 그녀에게 중요한 우선순위가 되었던 적은 한 번도 없다. 그녀는 대규모 투자가 미치는 장기적인 영향에 대해 생각하지 못한다.

열린 마음과 대인관계 능력 항목에서 높은 점수를 기록했는데, 이것은 사람들과 친밀한 관계를 맺고 상담해주는 그녀의 직업과 잘 맞아떨어진다. 상사가 할 일까지 떠안고 급여 인상을 요구하지 못하는데도 자기표현력이 높게 나온 것은 조금 의외였다. 이는 낮은 점수를 기록한 재정적 효율성과 부의 우선순위와도 무관하지 않다. 그녀는 아마 급여를 올려줄 여력이 없다는 관리부서의 말을 그대로 받아들였을 것이다. 어쩌면 이것 때문에 야망 점수도 낮게 나왔을 수 있다. 야망이 크지 않으므로 급여를 인상해달라는 요구도 못 하는 것이다.

재산을 늘리고 싶다면 케이티는 반드시 재정적 효율성을 높여야 한다. 다른 많은 사람들처럼, 그녀도 자신의 강점에 따라 직업을 선택했지만 돈을 많이 벌지는 못한다. 케이티처럼 직업이 자신에게 잘 맞고 생계를 유지하는 데 별문제가 없지만 재산을 늘리지 못하는 사람들이 의외로 많다.

케이티는 삶에 대한 주도의식은 높지만, 회복력과 열심히 일하는 능력에는 좀 더 관심을 기울일 필요가 있다. 이런 능력들은 우선순위 등급에서 그녀가 바라는 변화에 영향을 미칠 수 있는 것들이다. 케이티는 돈을 더 많이 벌지 못하면 자신의 꿈을 이룰 수 없다는 것을 알지만, 그럼에도 번번이 돈이 아니라 의미와 목적에 따라 중요한 결정을 내린다. 지금 그녀는 시간과 에너지를 어떻게 써야 할지 기로에 서 있다. 과연 그녀는 사람과 열정에 쏟는 시간을 줄이는 대신 부유해지는 데 시간과 에너지를 투자할 수 있을까?

　직업 특성상 수입에 한계가 있는 케이티와 달리, 건축가 데이비드는 부자가 될 가능성이 훨씬 컸다. 그런데도 그는 왜 궁핍할까? 데이비드의 부자지능지수를 통해 우리는 그의 어떤 행동방식과 태도가 부자지능을 발휘하지 못하도록 방해하고 있는지 알 수 있었다. 그는 야망이 크고 일도 열심히 했지만 자신이 삶을 주도하고 있다는 느낌은 갖지 못했다. 대인관계 능력에도 문제가 있었다. 그는 직장에서 자기 생각을 분명히 밝히지 못했고 자신의 감정을 컨트롤하는 기술도 부족했다. 특히 다른 사람과 갈등을 빚을 때는 더욱 그랬다. 낙관주의와 자기표현력도 취약해서 미래에 대해 희망을 품거나 모험을 감수하는 것을 어려워했다. 회계 분야는 잘 알았지만 돈을 '지배'하지는 못했다. 1장에서 언급한 것처럼, 그는 자기가 속한 계층의 라이프스타일을 따라가기에, 또 아내가 원하고 바랄 거라고 믿는 것들을 충족시켜주기에 자신의 능력이 부족하다고 느꼈다. 데이비드는 부자지능 조절기의 눈금을 다시 맞춰서 평화와 부, 열정의 순위를 높이고 싶어 했다.

　그의 부자지능지수를 보면, 한 가지 취약한 행동방식이나 태도가 다른 것들로 계속 이어져 결국 실패감과 불안을 느끼는 최악의 상황에 도달했다는 것을 알 수 있었다.

　그는 삶을 주도하고 있다는 의식이 부족했기 때문에 자신의 실제 모습과 바라는 것이 반영되지 않은 기계적인 삶을 살고 있다고 느꼈다.

표 6.4 | A 부분 : 데이비드의 우선순위와 점수 차

	1단계: 오늘	2단계: 오늘부터 1년 뒤	3단계: 차이
부유함	5	2	3
사람	3	6	3
생산성/일	1	1	0
생산성/기타 활동	2	5	3
열정	4	3	1
평화	6	4	2

4단계: 전체 차이(3단계에서 나온 점수 차를 합산해서 총 점수 차를 구한다.)

총 점수 차 = 12
A부분 총점: 20점

표 6.5 | B 부분 : 데이비드와 행동방식과 태도

1. 회복력	9
2. 자기표현력	6
3. 대인관계 능력	7
4. 열심히 하는 능력	9
5. 낙관주의	7
6. 열린 마음	8
7. 자기 삶에 대한 주도의식	7
8. 야망	9
B 부분 총점:	62점

표 6.6 | C 부분 : 데이비드의 재정적 효율성

1. 재정적 능력	9
2. 재정적 편안함	7
C 부분 총점:	16점

데이비드의 부자지능지수(A + B + C) = 98점(중간급)

테스트 결과를 확인한 데이비드는 깜짝 놀랐다. 강점과 약점으로 나온 부분들도 의외였지만, 자신이 결혼과 직장생활을 망치는 행동방식을 하고 있다는 것을 깨달았기 때문이다. 그는 자신이 삶의 방향을 잃었고 선택에 대한 통제권도 놓치고 있다는 것을 알게 되었다. 심한 불안과 부정적인 태도 때문에 희망을 잃었고 잠도 못 잤다. 데이비드는 자신이 변화해야 하며, 그렇지 않으면 현재 갖고 있는 부자지능조차도 계속 떨어질 수 있다는 것을 깨달았다.

데이비드는 이제 부자지능을 높일 때라고 판단했다. 그는 이렇게 말했다. "그럴 만한 가치가 없었어요. 저는 허리가 휘도록 열심히 쳇바퀴를 돌았지만 제가 원하는 곳을 향해서는 조금도 나아가지 못했습니다. 이제는 적어도 제가 잘하고 좋아하는 일을 하면서 살고 싶습니다."

대개의 지능지수가 고정적인 것과 달리, 부자지능지수는 충분히 변할 수 있다는 우리의 말에 케이티와 데이비드는 흥분하는 모습을 보였다. 당신도 부자지능지수를 높일 수 있다. 이제 그 계획을 세울 차례다.

7장

부자지능,
높일 수 있다

Create Your Own Affluence Plan and
Turn Up Your Thermostat

당신은 자신의 부자지능지수를 확인했고, 자신을 가로막고 있는 방어기제와 잘못된 생각들을 깨달았다. 이제는 부자지능을 발휘할 실행 계획을 세울 때다. 우리는 3개월짜리 단계별 프로그램을 통해, 당신이 부자지능을 발휘하도록 도울 것이다. 이 계획은 현재 성공해서 풍족한 삶을 누리고 있는 우리 고객들로부터 배운 교훈을 활용한 것이다.

실행 계획을 세우기 전에

성공에 필수적인 요건은 올바른 마음가짐을 갖는 것이다. 마음먹은 것과 행동이 잘 맞아떨어져야 목표를 향해 분명하게 나아갈 수 있다.

우선 우리가 고객들에게 하는 부탁을 당신에게도 하겠다. 바로 '휴식 모드'를 취하라는 것. 다시 말하면 3시간 이상 쉴 시간을 마련해서 모든 전화나 이메일, 일상으로부터 벗어나고, 돈이나 생활에 대한 여러 결정도 뒤로 미뤄라. 이렇게 하는 이유는 다른 사람들이 당신에게 원하거나 기대하는 것이 아닌 당신 자신의 생각과 감정을 온전히 인식할 시간과 공간을 주기 위해서다.

특히 우리는 고객들에게 이렇게 당부한다.

- 일상생활에서 한 걸음 물러나 편히 쉬면서 돈과 삶에 대해 큰 그림을 그려보라. 자신이 세운 틀에서 벗어나 자유롭게 생각할 기회를 갖자. 그렇게 함으로써 돈과 삶에 대한 태도와 믿음, 기대들을 자유롭게 생각하고 돌아볼 시간을 얻을 수 있다.
- 지금이 3개월 뒤라고 상상해보자. 지난 3개월을 돌아봤을 때, 후회를 남기지 않기 위해 어떤 것들을 이루었을 것 같은가?
- 지금이 1년 뒤라고 상상해보자. 지난 1년을 돌아봤을 때, 현재 자신의 모습에 대해 후회하는 부분이 없도록 어떤 단계를 거쳤을 것 같은가?
- 지금이 10년 뒤라고 상상해보자. 지난 10년을 돌아봤을 때, 현재 자신의 모습에 대해 후회하는 부분이 없도록 어떤 단계를 거쳤을 것 같은가?

자신에 대한 비판이나 평가 없이 자유롭게 상상해보면 깜짝 놀랄 수도 있다. 나 자신이나 타인의 비판과 기대로부터 벗어나서 자기 삶을 관찰할 자유가 주어지면, 자신에 대해 어떤 모습을 발견하게 될지 당신 자신도 짐작하기 어려울 것이다.

우리 고객 중 한 사람은 부친이 돌아가신 뒤 중서부 지역의 작은 마을에서 아버지의 약국을 물려받아 운영했다. 누구나 예상했던 일이었다. 그런데 1년이 지나자 그는 약국 일이 지루해졌고 틀에 갇힌 것처럼 답답해졌다. 그는 약국을 잘 운영하고 있었지만, 종종 이렇게 말하곤 했다.

"이건 진짜 내 모습이 아니야."

가장 가까운 친구 세 명에게 자신이 어떻게 해야 할지 물었더니 모두 똑같이 이렇게 대답했다. "너는 야외활동을 좋아하잖아. 뭘 만드는 것도 좋아하고 또 아주 잘하기도 해. 부모님이 네 직업을 이렇게 미리 정해 놓지 않으셨다면 넌 뭘 했을 것 같은데?"

사실 그는 건축 면허와 부동산 중개 면허를 갖고 있었다. 결국 그는 성공한 부동산 개발업자가 되었다. 새로운 인생계획은 그에게 '기꺼이 몰입할 수 있는 일'을 하게 해주었을 뿐 아니라 '필요와 욕구를 충족할 수 있을 만큼의 돈'도 벌게 해주었다. 풍요함을 구성하는 일곱 요소 중 벌써 두 가지가 충족된 것이다.

부자지능을 얻는 데 도움을 줄 수 있는 친구를 찾아보자. 우리 고객들이 답답한 틀에서 벗어나 진정으로 자신에게 맞는 일을 찾게 될 때 친구들이 중요한 역할을 해준 경우가 많았다. 모든 것을 혼자서 다 할 필요는 없다. 우리는 당신이 계획을 충실히 따를 수 있도록 믿을 만한 친구나 동료, 배우자의 도움을 받기를 권한다. 최소 일주일에 한 번은 그들에게 진행 상황은 물론 계획을 실행하면서 겪은 어려움에 대해 의견을 구하자. 무엇보다 중요한 것은, 당신에게 공감해주는 동시에, 당신에게 솔직해지라고 말할 권한을 친구에게 주는 것이다. 즉 당신이 계획을 제대로 실행하지 못했을 때 핑계 대지 못하도록 하라는 뜻이다.

부자지능을 높이는 3개월 계획 세우기

다음 단계들은 당신의 부자지능지수를 바탕으로 한다. 부자지능을 발휘하지 못하게 발목을 잡던 것들을 고치고 부자지능 조절기의 눈금을 올림으로써, 당신이 원하는 삶을 누리게 도와줄 것이다.

| 1단계: 개선하고 싶은 부분을 목록으로 작성하라 |

6장에서 확인한 부자지능지수로 시작하자. 먼저 당신이 작성한 우선순위 표를 보고, 우선순위에 따라 살기 위해 3개월 동안 바꿔야 할 것이 무엇인지 목록을 작성해보자. 그다음에는 행동방식과 태도 부분의 점수를 확인해서, 더욱 강화시키고 싶은 항목을 고르자. 마지막으로 재정적 능력과 재정적 편안함에 대한 점수를 보고, 재정적 효율성을 높이기 위해 개선해야 할 점을 고른다.

삶에서 변화를 이루는 것은 장거리 자동차 여행을 계획하는 것과 같다. 순전히 운 좋게 원하는 곳에 다다르길 바라며, 아무 목적도 없이 차를 몰지는 않을 것이다. 지도를 꺼내놓고 궁극적인 목적지를 찾아서 어떻게 갈 것인지 계획을 세운 다음에야 차를 타고 출발할 것이다.

혼자 일하며 딸을 키우던 케이티는 자신이 정한 우선순위표를 다시 살펴보고는 생산성(기타 활동)과 부의 순위를 높이고 싶다고 했다. 태도와 행동방식 부분에서는 낙관적인 사고와 야망에 대한 점수를 높이고 싶어 했으며, 재정적 효율성에 관한 각 부분의 점수도 높이고 싶다고 했다.

| 2단계: 가치 성명서를 작성하라 |

2단계에서는 1단계에서 목록으로 작성한 우선순위와 태도, 행동방식에 대한 가치 성명서를 작성한다. 이 성명서는 당신의 부자지능 눈금을 높이도록 이끌어줄 원칙이 될 것이며, 다음 3개월 동안 해야 할 일이 무엇이며, 1년 뒤에 당신이 원하는 모습이 무엇인지 밝혀줄 것이다.

당신의 우선순위와 태도, 행동방식, 재정적 효율성을 고려하면서 다음 질문에 답해보자.

- 이 우선순위나 태도, 행동방식, 재정적 효율성을 갖추는 것이 당신에게 중요한 이유는 무엇인가?
- 그것의 궁극적 목적은 무엇인가?
- 당신의 삶에서 그것이 어떤 도움을 줄 수 있다고 생각하는가? 풍요함의 일곱 가지 요소(돈, 일, 인간관계, 안정, 영향력, 삶의 의미와 목적, 심신의 건강)를 기준으로 생각해보자.

신중히 생각한 뒤, 다음 형식에 따라 성명서를 작성해보자.

1. 나는 _____ (당신이 택한 우선순위, 태도, 행동방식, 혹은 재정적 효율성의 항목을 넣어서)를 가치 있게 생각한다. 왜냐하면 _____ 이기 때문이다.

2. _____ (당신이 택한 우선순위, 태도, 행동방식, 혹은 재정적 효율성의 항목을 넣어서)을 높이거나 향상시키면 _____ (풍요함의 일곱 요소 중 하나)라는 목표를 이루는 데 도움이 될 거라고 생각한다.

예를 들면 이런 식이다.

"나는 평화를 가치 있게 생각한다. 왜냐하면 평화는 내 삶의 균형이 유지되고 있다는 느낌을 갖게 해주기 때문이다. 평화를 얻으면 몸과 마음의 건강을 누리고 유지하는 목표를 이루는 데 도움이 될 거라고 생각한다."

케이티는 자신이 선택한 항목에 대해 다음과 같은 가치 성명서를 작성했다.

- 재정적 능력 : "나는 재정적 능력을 가치 있게 생각한다. 경제적 안정을 누리고 싶기 때문이다. 재정적 능력을 갖추면 필요와 욕구를 충족할 수 있는 돈을 갖는 데 도움이 될 거라고 생각한다."
- 재정적 편안함 : "나는 재정적 편안함을 가치 있게 생각한다. 돈과의 관계가 더 편해질 수 있기 때문이다. 재정적 편안함을 갖추면 필요와 욕구를 충족할 수 있을 만큼의 돈을 갖는 데 도움이 될 거라고 생각한다."
- 낙관적 사고 : "나는 낙관적인 사고를 가치 있게 생각한다. 살면서 사람들과 더욱 긍정적인 경험을 해보고 싶기 때문이다. 낙관적인 사고를 하게 되면 즐거움을 주는 인간관계를 맺는 데 도움이 될 거라고 생각한다."
- 야망 : "나는 야망을 가치 있게 생각한다. 성공적인 사업을 개발하는 데 도움이 될 것이기 때문이다. 야망을 높게 가지면 필요와 욕구를 충족할 수 있을 만큼의 돈을 갖는 데 도움이 될 거라고 생각한다."
- 생산성(일) : "나는 생산성을 가치 있게 생각한다. 새로 시작한 동물

훈련 사업에 열정을 쏟기 위해서다. 생산성을 높이면 기꺼이 몰입할 수 있는 일을 하는 데 도움이 될 거라고 생각한다."

- 부 : "나는 부를 가치 있게 생각한다. 전원에서 살고 싶은 꿈을 이루는 데 도움이 되기 때문이다. 부를 얻으면 의미와 목적이 있는 삶에 더욱 가까이 갈 수 있다고 생각한다."
- 생산성(기타 활동) : "나는 생산성(기타 활동)을 가치 있게 생각한다. 일상생활을 통해 나 자신을 돌봄으로써 몸과 마음이 건강을 누리는 데 도움이 되기 때문이다."

| 3단계: 목표를 정하라 |

이제 각각의 가치 성명서에 대해 구체적인 목표를 정하자. "앞으로 3개월 동안 이틀에 한 번씩 운동을 하겠다" 같은 식으로 말이다. 목표를 정할 때는 최대한 낙관적인 목표와 아주 쉬운 목표 사이에 균형을 맞춰서, 곧바로 지금의 자기 모습에서 벗어날 수 있도록 해야 한다. 너무 많은 변화를 꾀하는 것은 실패를 자초하는 길이다. 또 너무 적은 변화로는 충분히 개선될 수 없다. 일과 생활방식, 재산 증식 같은 재정적인 변화를 향해 나아가는 데 도움이 되는 것이라면 목표는 어떤 것으로 정해도 좋다.

목표를 정할 때 가장 어려운 부분은, 늘 하던 방식에서 벗어나 생각할 기회를 갖는 것이다. 다음 내용을 유념하면서 시작해보자.

1. 스스로에게 이렇게 물어보자. '내가 진짜 하고 싶은 것을 할 수 있다면, 어떤 새로운 일들을 하게 될까?' '내가 일상생활에서 좀 더 많이 원하거나 원하지 않는 것은 무엇인가?'

2. 시작하기도 전에 중단하는 일이 없도록 주의하자. '이 목표는 가능하지 않을 거야'라고 말하며 기껏 해낸 생각을 가볍게 넘겨서는 안 된다. 가능한지 불가능한지는 나중에 따질 일이다. 지금은 평소 생각해보지 않았던 가능성들을 타진해보는 시간이다.

3. 해결책을 빨리 찾으려고 전전긍긍하지 말자. 어떤 문제에 대해 말만 꺼내도 곧장 해결책을 찾으려는 사람이 있다. 그 와중에 정작 진짜 문제가 무엇인지 또 자신이 진짜 원하는 것이 무엇인지는 놓치곤 한다. 우리 대부분은 '얼른 매달려서 해야 한다'는 부담을 너무 많이 느끼고 있다. 그래서 문제를 파악하는 과정을 간단히 압축해버리는 바람에 자신이 생각하고, 느끼고, 필요로 하고, 원하는 것을 온전히 알지 못한 채 넘어가버린다. 참여자 스스로 자기 생각을 분명히 드러내지 않는다면, 목표를 정하는 과정은 그 범위와 영향력이 제한적일 수밖에 없다. 당신이 정한 목표들이 당신이 가치 있게 여기는 것을 이루게 해줄 만한 것인지 친구에게 검토해달라고 부탁해도 좋다.

| 4단계: 실행 방안을 선택하라 |

목표를 세웠으면 실행 방안을 생각해야 한다. 성공적인 결과를 얻기 위해 할 일들을 구체적으로 생각해보자. 부자지능을 위한 3개월 계획을 따르려면 부자지능 결과를 분석해서 선택한 영역에 대해 1~3가지 정도 실행 방안을 정하고, 3개월 동안 지속적으로 실천해야 한다. 즉 삶이 더욱 평화로워지기를 원한다면 당신이 할 수 있는 세 가지 실천 방안(일주일에 두 번 산책하기, 교회에 나가기, 당신을 정신적으로 피곤하게 하는 친구들은 만나지 않기 등)을 정해서 부자지능을 발휘하고 원하는 목표를 향해 나아가는 것이다.

실행 방안을 정할 때는 작은 것부터 시작할 것을 권한다. 우리의 경험에 비추어보면, 목표를 낮게 잡은 사람일수록 성공할 가능성이 높았다. 작게 내디딘 한 걸음도 변화를 위한 밑거름이 될 수 있다. 일주일에 한 번 하던 운동을 더 하고 싶다면, 일주일에 다섯 번 혹은 날마다 하겠다고 하기보다는 지킬 수 있는 수준의 목표를 세우라고 조언하고 싶다. 우리는 당신이 목표를 빗나가 '어디서부터 다시 시작해야 하지?' 같은 생각을 하며 포기하는 대신, 성공을 경험해봤으면 좋겠다.

작은 성공이 강력한 효과를 가질 수 있는 이유는, 목표를 위해 일단 구체적인 뭔가를 시작하는 것이 중요하기 때문이다. 당신이 할 수 있다는 것을 스스로에게 증명해 보이는 과정이다. 일단 목표를 향해 나아가기 시작하면, 당신이 이루기로 한 변화는 충분히 가능할 뿐 아니라 즐겁기도 하다는 것을 알게 될 것이다. 또 당신의 주변 사람들이 보내는 지지와 긍정적인 피드백에 새롭게 고무될 수도 있다.

우리가 상담한 부부 중에서 아내는 자기주장을 확실히 펼치는 반면 남편은 그렇지 못한 경우가 있었다. 남편 제임스는 밝은 표정 밑에 분노를 감추고 있는, 수동적 공격형의 사람이었다. 그는 아내에게 자기 생각을 말하기를 꺼렸다. 아내가 자신을 공격할까 봐 두려웠기 때문이다. 사실 제임스는 어릴 때 가족들과 겪은 일들 때문에 스스로 잘못된 믿음을 형성하고 있었다. 하지만 그가 자기 생각을 솔직히 말했을 때 아내는 친절하게 대해주었다. 제임스는 자기 생각을 말해도 세상이 끝장나지 않는다는 것을 알게 되었다.

생활을 변화시키고자 할 때는 꼭 알맞은 만큼만 수정하는 것이 좋다. 변화에 대한 욕심이 지나쳐서 반대쪽으로 너무 멀리 가는 경우도 있기 때문이다. 시계추가 너무 한쪽으로 치우치는 것은 당신도 바라지 않을 것이다. 중간 정도가 가장 적당하다.

또한 당신이 이루려는 변화를 다른 사람들은 달가워하지 않거나 불편해할 수 있다는 것도 알아야 한다. 평소에는 다른 사람이 당신을 이용해도 그냥 내버려두는 편이었는데 이제는 자기주장을 당당하게 펼치기 시작했다고 가정해보자. 아마 사람들은 새롭게 바뀐 당신을 좋아하지 않을 것이다. 마음대로 휘두를 수 없게 되었기 때문이다. 그래도 괜찮다. 당신이 꾀하는 변화는 이미 자신과 합의해서 내린 중요한 결단이다. 때로는 다른 사람들의 저항과 불평도 기꺼이 견뎌내야 궁정적인 변화를 이룰 수 있다.

전략적인 실행 방안을 세우기 전에 명심할 것이 있다. 그런 방안들은 당신의 가치 성명서에 따른 사명이며, 실행 계획의 핵심을 이룬다는 것이다. 부자지능은 자기 내면에서 가장 중요하게 여기는 가치와 선택 그리고 행동이 일치할 때 발휘된다.

궁극적으로, 부자지능 조절기의 눈금을 올리는 것은 자기 방식에 따라 더욱 큰 풍족함을 누리는 것을 뜻한다. 즉 자신이 중요하게 여기는 가치와 꿈이 반영된 삶을 사는 것이다. 가장 중요한 목적 즉 부자지능을 발휘하고, 자신의 능력을 최대화해서 풍요함의 일곱 요소들을 두루 갖춘 삶을 살겠다는 목표는 한시도 잊어서는 안 된다.

다음 사항을 고려해서 부자지능을 위한 계획을 세우고 실천하자.

- 3개월 동안, 실천 가능한 작은 단계들로 목표를 세분화하자. 처음에는 열심히 할 수 있는 것으로 시작하자. 예를 들어, 늘 하던 운동을 일주일에 한 번 더 하기로 했다면 일단은 할 수 있는 요일과 시간부터 결정해야 한다. 그런 다음 달력에 기록해놓고, 병원 예약만큼이나 신경 써서 챙겨야 한다. 3개월짜리 계획을 진행하는 동안 각 실천 방안들에 대한 일정표를 작성해서 냉장고나 게시판 등 눈에 잘 띄는 곳에 붙여 놓자.
- 실행 방안들을 성공적으로 실천하고 있는 당신의 모습 그리고 드디어 목표를 이룬 자신의 모습을 상상해보자.

- 스마트폰이나 달력 등으로 진행 상황을 정기적으로 확인하자(일주일에 최소 한 번). 스스로 다짐한 내용을 확인하라는 뜻이다.

8장에는 계획표가 안내되어 있다. 3개월짜리 부자지능 계획을 세우는 데 도움이 되길 바란다. 부자지능에서 당신이 변화를 원하는 부분에 대해 구체적인 방법을 제시하는 실용적인 조언들도 포함되어 있다. 그대로 이용하거나 참조하여 당신의 생활방식과 목표에 잘 맞는 실행방안을 선택하면 된다.

케이티는 3개월 동안 다음과 같은 일들을 실천하기로 결심했다.

1. 재정적 능력
- 재무상담사를 만나 내년 계획을 세운다.
- 지역 소재 대학에서 금융에 관한 특강을 듣는다.
- 앞으로 3개월 동안은 꼭 필요한 것에만 돈을 쓰고, 원하는 것이 있어도 나 자신 혹은 다른 사람들에게 안 된다고 말한다.

2. 생산성(기타 활동)
- 일주일에 세 번 YMCA에 가서 요가 수업을 받는다.
- 친구들과 식사하는 횟수를 줄여서 돈과 시간을 아낀다.
- 매일 적어도 15분 이상 산책을 하거나 소설을 읽는다.

3. 부

- 30일 안에 비즈니스 코치로 있는 친구를 만나서, 동물 훈련 사업 계획을 짜는 데 도움을 받는다.
- 현재 하는 일을 방해하거나 건강을 해치지 않는 범위에서 사업을 성장시킬 계획을 세운다.
- 매달 사업 유지에 필요한 돈의 액수와 목표로 하는 액수, 고객 규모에 대해 현실적인 목표를 세운다.

4. 낙관주의

- 매주 월요일 아침마다 15분 동안, 내가 긍정적인 태도를 가졌을 때 일이 어떻게 잘 풀릴 수 있을지 집중해서 생각하는 시간을 갖는다.
- 낙관적인 사고에 대한 일기를 쓴다. 더 낙관적으로 생각할 방법을 쓰고 노력한 결과도 기록한다.
- 냉소적인 기분이 들거나 나도 모르게 부정적인 말을 중얼거렸다면 즉시 멈추고, 불가능하다는 쪽에서 가능하다는 쪽으로 태도를 바꾼다.
- 부정적인 말을 하는 것을 알아차렸을 때마다 자신의 깨달음을 칭찬해준다.
- 부자지능을 위해 같이 노력해줄 친구를 찾아서 매주 나의 진행 상황을 점검해달라고 부탁한다.

이 단계에서는 지금까지 당신이 어떤 방해를 받아왔는지 확인한다. 5장에서 언급한 심리적 방어기제들 가운데 당신은 보통 어떤 것들을 써왔는지 생각해보라. 당신은 늘 "나는 시간이 없어"(회피) "난 돈을 충분히 못 벌고 있어. 그래서 평화를 원할 자격도 없어"(흑백논리식 사고) 같은 말들을 달고 살았을 수도 있다. 다음은 흔히 쓰이는 방어기제들이다. 당신이 해당한다고 생각하는 것들에 표시해보자.

- 자신에게 잘못된 이야기를 하는 것
- 돈 문제를 일부러 망각하는 분열
- 세상의 표준에 맞춰 살기를 바라는 사회·문화적 압력
- 마술적 사고와 환상
- 발전을 방해하는 습관에 대한 집착
- 현실에 대한 부정
- 의식적인 회피
- 친구 아니면 적이 되는 흑백논리
- 책임을 떠넘기는 투사
- 과거에 얽매이는 것
- 돈은 악의 근원이라는 생각
- 부자들에 대한 편견

조절기의 눈금을 올리고 부자지능을 발휘하고 싶다면 당신이 갖고 있는 방어기제들이 어떤 영향을 끼치는지 알아야 하고, 그 부분에 대해 스스로 책임져야 한다.

우리는 부유한 우리 고객들이, 자기가 쓰는 방어기제가 어떻게 자신을 가로막고 있었는지 순순히 받아들이고 잘못을 인정하는 모습에서 깊은 인상을 받았다. 방어기제에 대해 책임진다는 것은 성격을 개조해야 한다는 뜻이 아니다. 취약점을 파악해서 그 부분이 삶에 미치는 영향을 통제한다는 뜻이다.

자신을 가로막고 있는 것들로부터 벗어나고 싶다면 다음 네 단계를 시도해보라.

1. 방어기제를 쓰고 있는 자신을 주목한다.
2. 즉시 낡은 행동방식을 중단한다.
3. 한 걸음 물러나 생각하며 어떻게 변화할 것인지 결정한다.
4. 행동방식을 바꾸고 새로운 실행 계획을 따른다.

사람은 누구나 자신이 지속해왔던 패턴을 고집하려는 경향이 있다. 하지만 끈기와 투지를 갖고 조금씩 점진적으로 노력하면, 부자지능 조절기의 눈금을 높여서 더욱 풍족하고 새로운 생활을 시작할 수 있다. 표 7.1에서 케이티가 세운 계획을 참고하라.

표 7.1 | 케이티의 실행 방안과 방어기제들

부자지능에서 변화를 바라는 부분	가치 성명서	목표	실행 방안	나를 가로막는 방어기제들
재정적 능력	나는 재정적 능력을 가치 있게 생각한다. 경제적 안정을 누리고 싶기 때문이다. 재정적 능력을 갖추면 필요와 욕구를 충족시킬 수 있는 돈을 갖는 데 도움이 될 거라고 생각한다.	재정 계획을 세우고 관리하는 데 필요한 기본적인 지식을 배운다. 투자 기회에 대한 지식을 늘린다.	재무상담사를 만나 내년 계획을 세운다. 지역 소재 대학에서 금융에 관한 특강을 듣는다. 앞으로 3개월 동안은 꼭 필요한 것에만 돈을 쓰고, 원하는 것이 있어도 나 자신 혹은 다른 사람들에게 안 된다고 말한다.	자꾸 미루며 회피함. 늘 여러 가지 일을 하느라 바빠서 못하는 것이고 나 자신에게 잘못된 이야기를 함.
낙관주의	나는 낙관적인 사고를 가치 있게 생각한다. 살면서 사람들과 더욱 긍정적인 경험을 해보고 싶기 때문이다. 낙관적인 사고를 하면 즐거움을 주는 인간관계를 맺는 데 도움이 될 거라고 생각한다.	직장 동료와 아이들과의 관계에서 더욱 낙관적인 생각을 하도록 노력한다.	매주 월요일 아침마다 15분 동안, 내가 긍정적인 태도를 가졌을 때 일이 어떻게 잘 풀릴 수 있을지 집중해서 생각하는 시간을 갖는다. 낙관적 사고에 대한 일기를 쓴다. 더 낙관적으로 생각할 방법을 쓰고 노력한 결과도 기록한다. 냉소적인 기분이 들거나 나도 모르게 부정적인 말을 중얼거렸다면 즉시 멈추고, 불가능하다는 쪽에서 가능하다는 쪽으로 태도를 바꾼다. 부정적인 말을 하는 것을 알아차렸을 때마다 자신의 깨달음을 칭찬해 준다. 부자지능을 위해 같이 노력해줄 친구를 찾아서 매주 나의 진행 상황을 점검해달라고 부탁한다.	'낙관적으로 살기에는 이미 너무 늦었다'고 나 자신에게 틀린 말을 하거나 '나는 못해' '이건 안 될 거야'라는 과거의 태도를 되풀이함.
부	나는 부를 가치 있게 생각한다. 전원에서 사는 꿈을 이루는 데 도움이 되기 때문이다. 부를 얻으면 의미와 목적이 있는 삶에 더욱 가까이 갈 수 있다고 생각한다.	동물 훈련 사업에 대한 계획을 세운다.	30일 안에 비즈니스 코치로 있는 친구를 만나서, 동물 훈련 사업 계획을 짜는 데 도움을 받는다. 현재 하는 일을 방해하거나 건강을 해치지 않는 범위에서 사업을 성장시킬 계획을 세운다. 매달 사업 유지에 필요한 돈의 액수와 목표로 하는 액수, 고객 규모에 대해 현실적인 목표를 세운다.	회피. 전략적 계획을 세우지 않음. 잘될 일은 어차피 잘될 거라는 마술적인 사고를 가짐. 비현실적인 목표를 세워서 결국에는 시간만 낭비하는 꼴이 되거나 사업에 실패자라는 생각을 하게 됨.
생산성 (기타 활동)	나는 생산성(기타 활동)을 가치 있게 생각한다. 일상생활을 통해 나 자신을 돌봄으로써 몸과 마음의 건강을 누리는 데 도움이 될 수 있기 때문이다.	다음 주부터 나를 돌볼 수 있는 새로운 활동들을 시작해서 최소 90일 동안 전념한다.	일주일에 세 번 YMCA에 가서 요가 수업을 받는다. 친구들과 식사하는 횟수를 줄여서 돈과 시간을 아낀다. 매일 적어도 15분 이상 산책을 하거나 소설을 읽는다.	자꾸 미루면서 회피함. 전략적인 계획을 세우지 않음.

자신의 계획표 작성하기

부자지능 조절기의 눈금을 높이는 것은 하나의 여정이다. 그리고 그 여정을 무사히 끝마치려면 새로운 습관과 사고방식을 배워야 한다. 우리는 고객들을 통해서, 자기가 가진 강점과 장점을 최대로 끌어올리는 것이 얼마나 중요한지 알게 되었다. 풍족한 사람들은 자기 모습을 거스르지 않는다. 대신 원하는 것을 얻거나 필요한 요령을 배우기 위해 자신이 본래 갖고 있는 것들을 최대한 활용한다. 자기가 배우는 방식과 속도를 알면, 자신의 강점을 활용할 수 있고 자기보호 기술도 키울 수 있다. 이렇게 되면 부자지능을 위한 여정에도 도움을 받는다. 이에 반해, 자신에게 맞지 않는 방식으로 배우는 것은 네모난 구멍에 둥근 못을 박으려고 하는 것과 같으며, 실패를 준비하는 것이나 다름없다.

226쪽을 참고하여, 앞으로 3개월 동안 부자지능을 높이기 위한 계획표를 완성해보자. 표를 다 채울 필요는 없다. 각 영역 중 당신이 바꾸고 싶은 것을 선택하면 된다.

| 있는 그대로의 자신을 받아들여야 할 때도 있다 |

이런 작업과 자기 성찰을 거치고 나면 고쳐야 할 점이 먼저 눈에 들어올 수도 있지만, 의외로 적어도 1년 동안은 별다른 변화 없이 지금

그대로 사는 것이 만족스럽다는 것을 깨닫게 될 수도 있다. 어쩌면 당신은 절실한 열망 없이 그저 더 많이 벌고 더 많이 갖고 싶다는 막연한 바람으로 이 책을 읽게 된 것일 수도 있다. 실제로 당신에게 필요한 것은 이미 갖고 있는 것을 인정하고 감사하는 일인데 말이다.

부자지능지수를 통해 현재의 삶이 만족스럽고, 자신이 할 일은 좋은 부분을 더욱 완벽하게 받아들이는 것이지 놓친 것을 두고 안달하는 것이 아니라는 것을 깨달았다면, 있는 그대로 수용할 것을 권한다. 삶에서 잘못되었던 부분을 끊임없이 반추하거나 집착하지 말고 '언젠가 ~하기만 하면' 환상에 지배되지도 말고, 현재를 즐기며 살라는 뜻이다.

수용은 자신에 대해 당당한 태도를 갖고 자신을 더욱 깊이 있게 이해함으로써 부자지능을 발휘하는 것이다. 자신의 현 상태를 수용하지도 않고 부자지능 조절기의 눈금을 올릴 결심도 하지 않으면, 불확실성과 상반된 감정의 끊임없는 악순환에 시달리게 되고 결국에는 부자지능만 떨어진다.

수용은 삶에서 '충분히 만족스러운' 위치에 도달했음을 인정하는 것이다. 그래서 사람이든 돈이든 다른 무엇이든 '더 많은 것'을 바라지 않고, 현재의 자기 모습과 자신이 갖고 있는 것을 받아들이고 즐기기로 결심하는 것이다. 이것은 포기하는 것이 아니다. 포기하는 것과 수용하는 것은 완전히 다르다. 포기하는 것은 자신에 대한 사랑도 없고 자신의 삶이 어떻게 만족스러운지 생각하지 않고 하는 행위다.

표 7.2 | 당신의 3개월짜리 부자지능 계획

범주	부자지능에서 변화를 바라는 부분	가치 선언서	목표	실행 방안	나를 가로막는 방어기제들
우선순위	평화	평화는 _____ 때문에 중요한 가치다.			
	열정	열정은 _____ 때문에 중요한 가치다.			
	생산성 (일)	생산성(일)은 _____ 때문에 중요한 가치다.			
	생산성 (기타활동)	생산성(기타활동)은 _____ 때문에 중요한 가치다.			
	사람	사람은 _____ 때문에 중요한 가치다.			
	부	부는 _____ 때문에 중요한 가치다.			
행동 방식	회복력				

226

행동 방식	자기표현력		
	대인관계능력		
	열심히 일하는 능력		
태도	낙관주의		
	열린 마음과 호기심		
	삶에 대한 주도의식		
	야망		
재정적 효율성	재정적 능력		
	재정적 편안함		

실제로 똑같은 단점이 발견되더라도 그냥 받아들일 건지 적극적으로 고쳐나갈 건지는 사람과 상황에 따라 다르다. 페기와 앨리스는 태도와 행동방식에 관한 테스트에서 똑같이 대인관계 점수가 낮게 나왔다. 페기가 가장 중요하게 생각하는 우선순위는 부였다. 그녀는 직장에서 승진도 못하고 급여도 오르지 않는 것은 대인관계 능력이 부족하기 때문일지 모른다는 사실을 깨달았다. 상사에 따르면, 동료들이 그녀를 두고 "까칠하다"고 했다는 것이다. 그녀의 일은 사람들과의 교류가 상당 부분을 차지하고 있었기 때문에, 페기는 사람을 대하는 기술을 높여야 부자지능을 발휘할 수 있다고 판단했다. 그녀는 가치 성명서를 작성해서 개인적으로 해야 할 일을 분명히 밝혔다.

"나는 대인관계 능력을 발달시키는 것을 가치 있게 생각한다. 사람들과의 관계에서 더 큰 만족을 얻고 재정적인 풍족함도 높일 수 있기 때문이다."

페기는 이 가치를 염두에 두고 구체적인 실행 방안을 정했다. 그녀는 여럿이 모여서 배우는 것을 좋아했으므로 지역에 있는 성인 교육 센터에 등록해서 대인 기술에 관한 강좌를 수강했다. 수업에는 역할극이 포함되어 있었는데 페기는 그것이 매우 재미있었고 실제로 많은 도움도 받았다. 페기가 자신이 할 일을 결정하고 새로운 대인 기술을 익혀서 부자지능 조절기의 눈금을 올리자 직장 동료와 고객들은 그녀를 더욱 좋아하게 되었고 결국 그녀는 원하는 승진을 이뤘다. 또 향상된 대인 기술 덕분에 친구 관계도 훨씬 만족스러워졌다.

반면 앨리스는 예전에는 자신의 대인관계 기술이 부족하다고 생각했다. 이웃과 다투기도 했고 아이들과의 사이도 소원했기 때문이다. 하지만 그녀가 우선순위로 하는 것은 부가 아니라 평화였다. 그녀에게 평화란 혼자 책을 읽거나 수영장에 가서 오랫동안 수영을 하는 것이었다. 즉 별다른 대인 기술이 필요하지 않은 일들이었다. 그녀는 그래픽 디자이너로서 고객과의 직접대면이 거의 없이 주로 온라인으로 소통했기 때문에 현재 정도의 대인관계 능력을 그대로 수용하기로 결정했다. 대신 다른 부분에 시간과 에너지를 집중시키기로 했다.

부자지능을 완전히 갖추려면 다방면의 노력이 필요하다. 어떤 부분은 그대로 수용하는가 하면 다른 부분은 조절기의 눈금을 올리기로 결정할 수도 있다. 인내심을 갖고 자기 자신에 대해 그리고 자신이 추구하는 과정에 대해 확신을 갖자. 당신은 지금 거대한 가능성이 있는 미래 즉 풍족한 미래로 가는 길을 열고 있는 것이다.

8장

부자지능을 높이는
3개월 프로그램

The Next Three Months:
Putting Your Plan into Practice

당신은 부자지능지수를 높이기로 결정했고 부자지능을 구성하는 네 요소 즉 우선순위, 행동방식, 태도, 재정적 효율성에 대한 각각의 목표도 세웠다. 이제는 개인적인 부자지능 계획표를 세우고 앞으로 3개월 동안 실행 방안들을 실천할 때다.

- 첫 번째 달 : 시작하자. 첫 번째 달, 두 번째 달, 세 번째 달에 각각 실천할 실행 방안을 결정한다. 첫 달에는 일단 쉬운 것부터 정하는 것이 좋다. 그래야 가속도가 붙고 성취감을 느낄 수 있기 때문이다. 진행 과정을 평가하는 명확한 기준도 마련하자. 필요하다면 친구나 코치, 멘토, 심리 치료사 등의 도움을 받자. 그리고 당장 행동에 들어가자.
- 두 번째 달 : 계속 나아가자. 실행 방안을 실천하는 데 계속 전념하

자. 계획을 실천할 때는 실행 방안을 더 많이 정해도 된다. 바꾸기로 한 태도와 행동방식은 자주, 되풀이해서 연습하자. 그래야 익숙해진다.

- 세 번째 달 : 가속도를 내서 목표를 보자. 계획한 실행 방안들을 완수하자. 당신이 정한 중요한 가치들을 늘 명심하고, 이 계획을 따름으로써 얻게 될 이점들을 생각해보자.

기억하자. 부자지능 계획을 완수하려면 변화하기로 한 각 영역에 대해 최소 하나에서 세 가지 정도는 실행 방안을 실천해야 한다(할 수 있으면 더 해도 된다). 따라서 만약 당신이 평화에 대한 우선순위를 높이기로 했다면, 3개월 동안 매달 세 가지씩 실천할 방안을 결정하면 된다. 다음과 같은 식이다.

1. 월, 수, 금 아침 8시에 20분 동안 명상한다.
2. 주말 아침마다 1시간 이상 혼자 산책한다.
3. 일주일에 하루는 저녁에 1시간 이상 재미있는 잡지나 소설을 읽는다.

일이나 여행에 관한 계획도 이런 식으로 세우면 된다. 차분히 앉아서 앞으로 3개월 동안 매달 계획을 실천하는 데 필요한 전략적인 단계를 적어보자.

예를 들어 유능한 재무상담사를 만나고 싶다면, 첫 달에는 사람들에게 물어서 소개를 받고(최소 세 명 이상을 소개받는다) 그달 말까지 세 명 중 한 명을 결정한다. 둘째 달에는 상담사를 만날 약속을 한다. 이런 과정은 명확하게 처리해야 하며 각 단계와 기한을 기록해서 반드시 실천해야 한다.

제니퍼의 경우를 보자. 그녀는 마흔 살의 시스템 분석가로, 재정적 효율성과 자기표현력에서 특히 낮은 점수가 나왔다. 제니퍼는 돈에 대해 생각하거나 이야기하는 것을 좋아하지 않았고, 돈 문제를 외면해 왔다. 하지만 이제는 그 점이 자신의 부자지능을 높이는 데 방해가 된다는 사실을 알고 있다.

3개월 계획이 끝날 즈음, 그녀는 상당한 재정적 효율성을 갖추게 되었다. 능력을 갖추자 재정적 편안함은 자동으로 따라왔다. 제니퍼는 수영을 배울 때처럼 재정적 효율성 계발이라는 물속에 뛰어들었고, 돈의 세계가 생각만큼 어렵지는 않다는 것을 깨달았다.

다음은 행동방식과 태도, 재정적 효율성을 변화시키기 위해 3개월 동안 월별로 취할 수 있는 몇 가지 실행 방안들이다. 이런 방법들을 참고삼아 자신의 부자지능 계획에 필요한 실행 방안들을 결정하자. 우리가 추천하는 내용이 잘 맞아 효과를 거둘 수도 있고, 이런 내용을 참고하여 자신의 실행 방안을 따로 만들 수도 있을 것이다. 중요한 것은 실천이다!

표 8.1 | 3개월 부자되는 계획을 위한 제니파의 실행 방안

부자되는에서 변화를 바라는 부분	가치 성명서	목표	첫째 답 실행 방안	둘째 답 실행 방안	셋째 답 실행 방안	방어기제들
재정적 능력	나는 필요와 욕구를 충족시키기에 충분한 돈을 갖고 싶기 때문에 재정적 능력을 가치 있게 생각한다.	재무에 관한 기본 지식을 배운다. 예산을 세운다.	재무 상식에 관한 책을 구입한다. 한 달에 안 아건 강좌를 듣는다. 내 진행 상황을 점검해줄 친구를 정한다.	예산을 세운다(매월 하면 도움을 받는다. 예산대로 실천한다(수입을 벗어나지 않도록 소비 생활을 바꾼다.	친구나 전문 상담가를 만나서 내가 세운 예산에 대해 의견을 듣고 앞으로의 재정 계획을 고려한다.	자꾸 미룸. 분열. 나는 너무 문제를 잘 이해하지 못하는 잘못된 선입견
재정적 편안함	나는 필요와 욕구를 충족시키기에 충분한 돈을 찾기 위해 돈에 대해 편안한 마음을 갖는 것을 가치 있게 생각한다.	돈에 대한 불안감을 줄인다. 돈 문제가 나오면 바보처럼 굴거나 도망하지 않고 머리를 쓴다.	돈에 대한 상담을 받는다. 도 나불안에 대해 남편과 한 시간 동안 대화한다. 은행 거래 내역과 신용카드 사용 내역을 읽음으로써 내 재정 상태를 몰라서 생기는 두려움을 줄인다. 없으하면 도움을 청한다.	계속해서 상황별 거래 내역서를 꼼꼼히 확인한다.	최소 두 명 이상의 친구를 만나 도 관리와 은퇴에 관한 그들의 생각과 계획에 대해 대화를 나눈다.	자꾸 미룸. 분열. 나는 너무 문제를 잘 이해하지 못하는 잘못된 선입견
자기 표현력	나는 나에게 힘이 있다는 것을 느끼고 살기 때문에 자기표현을 가치 있게 생각한다.	집에서도 직장에서도 돈 문제에 대한 내 생각을 표현한다.	급여 인상을 요구할 준비를 한다(경제를 잘 아는 친구와 함께 상사에게 말할 내용을 연습한다. 남편과 매달 시간을 정해서 재정 문제와 은퇴 후를 상의한다.	상사를 만나 급여 인상을 요구한다. 다른 직장을 고려해본다(다른 일할 곳을 찾아본다. 가까운 친구들 의지처를 받는다.	상사 면담의 후속 조치를 취한다(급여가 인상되지 않으면 다른 회사와의 면접을 준비한다. 친구로부터 내 진행 상황에 대한 점검을 받는다.	위와 같음

첫째 달 : 실행 방안 결정하기

| 행동방식 |

회복력

• 해결되지 않은 상황에 대해 자신이 갖고 있는 감정과 생각을 확인한다. 이런 감정들을 떠올릴 때는 자꾸 그 일을 생각해서 후회하는 덫에 빠지지 않아야 한다.

• 최근 두 달 동안 마음에 상처를 받았거나 화가 났거나 불쾌했던 때를 두 차례 떠올려본다. 그리고 자신에게 묻는다. '이런 경험을 통해 무엇을 배웠는가? 앞으로 비슷한 상황에 처했을 때 유용하게 쓸 수 있는 것인가?'

• 자신이 바라거나 계획한 대로 되지 않았던 일 중 한 가지를 다시 시도한다.

• 처음에는 잘되지 않았던 것이라도 달력에 기한을 정해 놓고 이루기 위해 노력한다.

자기표현력

• 살면서 자기주장을 해서 성공했던 일을 두 가지 적는다. 어떻게 그럴 수 있었는가? 다시 그렇게 해보라.

- 하고 싶은 말이 있어도 주저했던 일을 적어보자. 그때 자신을 가로
  막았던 방어기제들도 적어보자.
- 당신이 하기 싫은 일을 하라고 압력을 주는 사람에게 맞서자. "고
  맙지만 사양하겠습니다"라고 말하자. 몇 번이라도 상관없다.
- 싫다고 말하고 싶은 세 사람을 떠올려보라. 그들에게 어떤 말을 하
  고 싶은지 적어보고 실제로 그렇게 말하자.

대인관계 능력

- 그리 가깝지 않은 사람을 한 사람 고른다. 그 사람과 차를 마시며
  그에 관해 알 수 있는 것들에 집중해서 대화를 나눈다.
- 동의하지 않는 내용이라도 귀 기울여 잘 들어줌으로써 사람들이 편
  하게 자기 생각을 말하게 한다.
- 사람들과 담소하며 알게 된 것들을 친구나 코치에게 이야기한다.
- 또 다시 사람들에게 귀 기울이지 않고 다시 자기 세계에 틀어박히
  려는 때를 예의 주시하라.

열심히 일하는 능력

- 당신이 가장 이루고 싶은 목표들을 적어본다.
- 가장 중요한 목표를 한 가지 정한 뒤 세부적이고 점진적인 행동 방
  안과 기한을 적자.
- 앞으로 3개월 동안 날마다 혹은 매주 실천할 수 있는 현실적인 세

부 목표들을 정한다. 속도나 성취 정도보다는 책임감 있게 계속하는 것이 훨씬 중요하다.
- 한 주 동안 꼬박 매일 밤 혹은 매일 아침마다 할 일 목록을 작성한다. 우선순위를 정해서 순위가 가장 높은 것은 반드시 지키도록 한다.
- 달력이나 수첩에 메모해서 더욱 계획적으로 실천한다.

| 태도 |

낙관주의
- 삶에서 좀 더 낙관적인 생각을 가져야 할 분야를 한두 개 선택한다 (인간관계, 직장, 금융 생활 등). 일어나지 않기를 바라는 일 대신 일어나기를 바라는 일에 대해 생각해보자.
- 낙관적인 태도를 갖는 데 도움이 될 당신의 강점을 나열해보라.
- 자신에게 바라는 것을 적어보자. 큰 소리로 읽고 녹음하자. 그런 다음 어떻게 들리는지 다시 확인해보자. 똑바로 잘 들릴 때까지 계속 말하는 연습을 하자.

열린 마음과 호기심
- 새롭게 탐구할 분야를 세 가지 정한다. 기존의 관심사를 색다른 방식으로 추구하는 것도 좋다.

- 다른 사람을 비판하면서 그에게서 배울 기회를 차단해버리지는 않는지 늘 조심하라. 만약 그렇다면 즉시 비판을 중단하고, 잠시 멈춘 다음, 다른 사람의 관점을 더 잘 이해할 수 있는 질문을 하는 데 초점을 맞춰라.
- 어린아이들을 잘 관찰하고 그 아이들이 갖고 있는 순수한 호기심으로 세상을 보자.

삶에 대한 주도의식

- 하고 싶지 않은 일은 취소하자.
- 자신이 중심에서 벗어났다고 느껴지면 주의를 기울이자. 시간을 내서 자신을 돌볼 수 있는 일을 하자.
- 친구가 뭔가를 해달라고 부탁하면 무조건 알겠다고 하지 말고 잠시 멈춰서 진짜 하고 싶은지 생각해보자.
- 직장 동료나 친구와 만날 시간을 정할 때는 그들의 의견을 먼저 듣지 말고 자신에게 가장 좋은 날짜와 시간을 말하자.
- 이미 한 일을 다시 하거나 잃어버린 서류를 찾느라 시간을 낭비하지 않도록 스스로 체계를 세워 생활하자.

야망

- 일부러 시간을 내서라도 하고 싶은 일이나 절대 한눈파는 일 없이 꼭 이루었으면 하는 것들을 적어보자. 하기로 결정한 일을 언제 시

작할지 달력에 표시해 놓자.

- 야망 덕분에 굉장한 기분을 느꼈던 때를 떠올려보자. 그때 무엇을, 어떻게 했는지 적어보자. 그리고 다음에 갖게 될 야망의 지침으로 삼자.
- 당신이 존경하는 야망이 큰 사람에게, 어떻게 에너지를 모아 야망을 가질 수 있는지 또 그 상태를 어떻게 유지하는지 듣자.
- 할 일 목록에서 당장 하고 싶은 작은 일을 한 가지 골라 그 주에 끝내자.
- 첫째 달에 시작해서 셋째 달에 완수할 수 있는 규모의 작은 목표를 세 가지 정해보자. 즐거운 활동이어도 좋고 꼭 해야 할 일이라도 괜찮다.
- 동기 부여에 관한 강연을 듣자.

| 재정적 효율성 |

재정적 능력

- 예산 세우기, 부채에서 벗어나기, 저축하기, 은퇴를 위한 투자하기 등 개인 금융에 대한 기본 지식을 익힌다. 초보자를 위한 금융 입문서를 사서 읽거나 재무수업을 듣는 것도 좋다. 주식 시장이 돌아가는 방식과 부동산과 대안 투자에 대해서도 배운다.

- 수입, 저축, 지출하는 금액이 얼마인지, 현재 자신이 소유한 재산이 얼마나 되는지 정확히 파악하자.
- 수입, 지출, 저축, 투자, 나눔 란에 구체적인 액수를 적어서 월별 예산을 세우자. 0원이라고 써도 괜찮다. 인터넷 가계부 등의 프로그램을 이용하는 것도 좋다.
- 이 예산에 따라 살기 위해 최대한 열심히 노력한다.
- 자신의 신용 평가에 대한 내용을 복사해서 갖고 있자.
- 다음 내용을 참고해서 신용카드 빚을 갚을 계획을 세우자.
  ▶ 현재 빚에 대한 이자율과 신용카드 결제 계좌의 이자율을 다시 협상한다.
  ▶ 유리하다고 판단되면 부채를 모두 통합시킨다.
- 첫 번째 주에는 현재 당신에게 필요한 내역을 적는다. 그리고 재무 상담사나 당신을 도와줄 친구와 그 내용을 검토한다.
- 한 달 동안 신용카드를 쓰지 않는다. 그렇게 하면 당신에게 꼭 필요한 것과 그저 갖고 싶어 하는 것의 차이를 구분하는 데 도움이 된다.
- 당신이 개선해야 할 부분 세 가지를 정해서 거기에 집중한다. 충동구매를 줄이기로 했다면 그에 대해 자신이 할 수 있는 실행 방안을 정한다.

재정적 편안함

- 돈을 벌고, 쓰고, 아끼고, 투자하고, 나누는 것에 대한 자신의 태도와 감정, 믿음을 적어본다.
- 다음 질문에 대한 답을 적어본다. '돈에 대한 부모님의 가치관은 무엇이었는가? 지금 나의 가치관과 같은가 다른가?'
- 다른 사람들과 대화하며 자신이 돈에 대해 어떻게 생각하고 느끼는지 더 깊이 있게 알아보자. 예컨대 다음과 같은 질문에 답해본다.
  - ▶ 빚이 없다면 어떤 기분일까?
  - ▶ 저축한 돈을 다 써버렸다면 어떤 기분일까?
  - ▶ 당신은 돈을 어떤 점에서 좋아하는가? 혹은 어떤 점에서 싫어하는가?
  - ▶ 돈은 당신이 목표를 이루도록 어떻게 도와주는가? 혹은 목표를 이루는 것을 어떻게 방해하는가?
- 다음 문장을 완성해보라. '내가 ~한 것은 모두 다 돈 때문이다.' 그런 다음 이런 태도가 당신에게 어떤 도움 혹은 방해가 되는지 생각해보자.
- 돈에 대해 더 편한 기분을 가질 수 있도록 당신이 배워야 할 세 가지 기술이나 돈에 관한 개념들을 꼽아보자.
- 다음 질문에 대한 답을 생각하면서 돈에 대한 자신의 감정을 더 잘 파악해보자.
  - ▶ 당신보다 돈이 많은 친구를 보면 어떤 기분이 드는가?

▶ 당신보다 돈이 적은 친구를 보면 어떤 기분이 드는가?

▶ 부러움이나 질투가 우정에 방해되는가? 만약 그렇다면 어떤 식으로 그런가?

지금까지 배운 것을 활용해서 재정적 편안함을 얻을 수 있는 실행방안을 결정하자. 친구나 상담사와 이야기함으로써 자기 생각과 감정들을 더 잘 파악하는 것도 방법이 될 수 있다.

둘째 달 : 실천에 전념하기

| 행동방식 |

회복력

• 가족 간의 불화를 해결하는 일이나 불쾌한 회사 업무 등 자신을 피곤하게 만드는 만성적인 문제를 꼽아보고 그 주만큼은 그런 일에 신경 쓰지 않도록 노력하자.

• 장애에 부딪혔다 하더라도 너무 빨리 포기했다는 생각이 들면 다시 하거나 더 열심히 해보자. 건설적인 결과가 나올 가능성에 계속 초

점을 맞추자.

- 당신이 꼭 완수해야 할 중요한 일은 포기하지 말자. 늘 목표를 주시하라. 어려운 일이 생겨도 좌절해서는 안 된다.
- 여러 차례 노력했다는 생각이 들면, 무엇이 문제인지 혹은 이제 그만둬도 될 때인지 믿을 만한 친구와 의논해보자.

자기표현력

- "노"라고 말하는 연습을 계속한다. 부정적인 결과가 나와도 별 영향이 없을 만한 사소한 경우부터 시작하자.
- 긍정적인 모습을 보이고 싶었던 사람들에게 계속 "예스"라고 말하는 연습을 하자.
- 누가 뭘 원하느냐고 물으면 부끄러워하지 말고 자기 생각을 밝히자.
- 당신에게 문젯거리인 사람과 어려운 대화를 시도해보자. 당신이 원하는 것은 명확하게 표현해야 한다. 자신과 상대방을 존중하는 목소리 톤을 찾자.
- 이달에는 매주, 기분이 좋은 날 하루를 정해서 공격적이지 않은 태도로 자기주장을 펼쳐보자.

대인관계 능력

- 자신을 잘 살펴보자. 주변 사람들의 인정을 얻느라 바쁘다면, 자신이 생각하는 만큼 대인관계가 효율적이지 못하다는 뜻이다.

- 티타임을 가질 사람을 두 명 더 고르고, 그들에 대해 알 수 있는 화제에 초점을 맞춰서 대화를 나누자.
- 마셜 로젠버그Marshall Rosenberg가 개발한 '비폭력 대화'를 배우고 연습하자. 이것은 자신의 욕구와 감정을 명확히 전달할 수 있는 효과적인 의사소통 전략이다.
- 이번 달 중에 하루를 정해서, 당신이 만나는 사람들에게 성의를 다함으로써 좋은 인상을 남기자.
- 다양한 상황에서 느꼈던 기분을 글로 적어보자. 언제 편안했고 언제 불편했는지 적자. 자신이나 상대방 혹은 그 상황이 각각 얼마나 불편했는지 생각해보자. 앞으로 하게 될 말이나 행동에 이런 내용을 참고하자.

열심히 일하는 능력

- 예산 내에서 생활하기, 어려운 서류 작업하기 등 과거에는 힘들어했던 일들을 꾸준히 하고 있는 자신에게 보상을 해주자.
- 목표에서 잠시 벗어났다면 문제를 파악해서 다시 제자리로 돌아간다.
- 진정으로 이루고 싶은 목표를 하나 더 정해서 이번 달에 시작하자. 세부적인 행동 단계를 기록하고 기한을 정한다.
- 주의가 흐트러지지 않도록 휴대폰 같은 전자기기들에는 신경을 끊자. 다른 사람들에게 내줄 시간도 미리 정해 놓는 것이 좋다.

낙관주의

- 삶에서 당신이 갖추고 싶은 태도나 기분을 세 가지 떠올린 다음 이미 그런 상태인 것처럼 말해보자. 즉 "나는 만족스러운 기분을 느끼고 싶다" 대신 "나는 만족스럽다"라고 말하는 식이다.

- 낙관주의에 대한 일기를 쓰기 시작한다. 당신이 하고 싶고, 앞으로 당신이 낙관적으로 생각할 기회를 갖게 해줄 새로운 경험들을 죽 적어보자.

- 냉소적인 기분이 들거나 자신에 대해 부정적으로 생각하고 있는 것을 깨달았다면 다음 사실을 유념하자. 어떤 상황에서든 태도는 자신이 선택하는 것이며, 부정적인 태도는 부정적인 결과로 이어질 가능성이 크다는 것을 말이다.

- 부정적인 생각을 긍정적인 생각으로 바꾸는 연습을 하자. '컵에 물이 반밖에 없다'는 관점으로 생각하고 있다면, 잠시 멈춘 다음 '컵에 물이 반이나 차 있다'는 관점으로 바꿔서 생각하자.

- 믿을 만한 친구와 함께, 낙관적인 태도를 갖기 위해 당신이 연습하고 있는 내용을 다시 점검해보자.

열린 마음과 호기심

- 호기심을 키우자. 사람들과 대화하면서 그들의 인생에서 새롭거나

중요하게 생각하는 것들에 대해 물어보자. 자신보다는 상대방에 대해 알 수 있는 대화가 되도록 초점을 맞추자. "그 부분에 관해 좀 더 이야기해주시겠어요?", "당신에게 그건 어떤 의미였어요?", "저한테 말해주고 싶은 중요한 내용이나 새로운 것이 있나요?" 같은 질문을 하자.

- 사는 방식이 당신과 완전히 다른 사람을 찾자. 이웃 사람이나 가게 주인, 필라테스 강사 등 당신과 다른 길을 택한 사람이라면 누구든 상관없다. 그들의 삶 즉 그들이 겪었던 고난, 희망, 기쁨, 슬픔들에 대해 당신이 다시 이야기할 수 있을 만큼 깊이 알아보자. 그들의 이야기를 진심으로 알고 싶어 하는 인터뷰 기자라고 자신을 상상하면서, 중요한 감정과 세부적인 상황까지 곁들여서 이야기를 생생하게 만들어보자.

- 믿을 만한 친구와 함께, 당신이 열린 마음과 호기심을 갖기 위해 노력한 내용을 점검해보자.

삶에 대한 주도의식

- 삶에서 당신이 통제할 수 있는 것들과 행동해야 할 것들을 나열해보자. 그런 다음 가장 쉬운 것부터 시작해서 한 주에 한 가지씩 부딪쳐보자.

- 통제력을 잃게 만드는 것들을 죽 적어보자. 충분히 파악되었다면 감정을 자제하기 위해 스스로 노력하거나 도와줄 수 있는 사람을

찾자(아래에 제시되는 권장사항을 참고할 것).

- 나약해지거나 통제력을 잃은 기분이 들 때를 주목하라. 그럴 때는 이렇게 하자.

  ▶ 스스로 '타임아웃' 함으로써 마음을 추스르고 균형감을 찾는다.

  ▶ 마음이 집중되고, 뭔가에 대한 책임을 느끼고, 차분했던 때와 상황을 떠올려본다.

- 자신이 힘 있는 존재라는 생각이 들고, 자아존중감이 강하고 안정적이었던 때를 기억해보자. 그런 기억들을 적어 놓고, 자아존중감에 타격을 입었을 때마다 돌이켜보며 통제력과 균형을 회복하는 방법으로 삼자.

- 소용없다는 것을 알면서도 그 일을 걱정하느라 정신적인 에너지를 낭비하고 있다는 생각이 들면 다음과 같은 방법으로 통제력을 회복하자.

  ▶ 심리 채널을 바꾼다. 다른 문제, 즉 자신이 주도하고 있다고 느끼는 문제에 의도적으로 집중한다.

  ▶ 걱정해봤자 얻을 수 있는 것이 하나도 없다면 그냥 놓아버리거나 마음껏 슬퍼한 다음 새롭게 통제력을 회복한다. 슬픔을 극복하는 데는 부정, 분노, 타협, 우울, 수용의 다섯 단계를 거친다는 것을 명심하자. 필요하다면 친구와 대화를 나누거나 전문가의 도움을 구하자.

야망

- 자신을 자극해줄 수 있는 부자지능 친구나 코치, 멘토 등을 찾는다.
- 첫째 달에 정한 작은 목표 세 가지를 달성하기 위해 필요한 일을 한다.
- 둘째 달과 셋째 달에 집중적으로 추구할 분야를 정한다(업무 성과 올리기, 기타로 더 어려운 곡 연습하기, 더 많이 운동하기, 테니스 실력 키우기 등). 혹은 둘째 달과 셋째 달에 할 수 있는 한 가지 야심 찬 일을 새로 정한다.
- 정말 즐겁게 할 수 있는 작은 일을 한 가지 정해서 이번 달부터 시작한다.

| 재정적 효율성 |

재정적 능력

- 계속해서 자신의 재정 상태를 파악한다. 신용카드 내역, 은행 계좌 내역, 주식 거래 내역 등을 꼼꼼히 확인한다. 첫째 달에 정한, 개선이 시급한 세 부분에 계속 신경 쓰자.
- 자신의 과세 등급을 확인하고, 재정적인 부분에서 자신에 맞는 결정을 내릴 방법을 알아보자.
- 만일의 경우에 대비해서 비상시에 쓸 수 있는 저축 계좌를 만들자.

그리고 매달 최소 금액을 적립한다.

- 저축을 시작할 동기를 하나 정한다.
- 소비 생활을 바꿔서 빚을 줄일 수 있는 부분을 한 가지 정한다. 고급 커피나 기분전환용 쇼핑, 외식 등, 꼭 필요한 것이 아니라 단순히 원하는 것에 쓰는 돈을 줄이거나 아예 쓰지 않는다.
- 서른이 넘었다면 퇴직 계좌를 만들어서 매달 적립한다. 금액 규모는 상관없다.

재정적 편안함

- 재정적 편안함에 관한 일기를 쓴다. 돈이 편하게 느껴졌던 상황이나 경험(같이 있었던 사람을 포함해서) 그리고 불편하게 느껴졌던 상황이나 경험을 구체적으로 기록한다. 그때 들었던 기분과 생각도 자세히 적는다.
- 재정적 편안함을 얻기 위해 당신이 하는 노력들에 대해 두 명의 친구와 각각 대화를 나누자. 그 친구들도 비슷한 노력을 한다면 어떻게 하는지 알아보자(이를 글로도 적는다).
- 책, 강좌, 멘토 등을 통해, 재정적 능력에 대한 걱정을 떨치는 데 도움이 되는 기술을 익히자. 친구나 직장 동료에게 추천을 부탁해도 좋다. 웹 사이트에서 관련 자료도 찾아보자.

셋째 달 : 가속도 내기

| 행동방식 |

회복력

- 첫째 달부터 실천했던 일들을 계속한다.
- 안전지대를 벗어난 것으로, 회복력을 갖추도록 자신을 자극해줄 실행 방안을 고려해본다.
- 지치거나 속상하게 만드는 만성적인 문제들은 그만 생각하자. 그리고 자신에게 이렇게 말하자. '나는 이 문제를 충분히 생각했고 할 수 있는 일은 다했다. 계속 이 일을 붙잡고 있는 것은 정신적 에너지를 고갈시킬 뿐이다. 정지 신호에 계속 서 있으면서 엔진만 가동되는 자동차처럼 말이다. 그러므로 나는 이 문제를 놓을 것이다. 내가 할 수 있는 최선은 다했다. 이제 나는 더 건설적으로 에너지를 쓸 수 있는 일을 찾는 데 집중할 것이다.'
- 변화하기로 한 결심을 위해 당신이 해야 할 일은 무엇인가? 이제 생각은 그만 하고 행동을 하자! 예를 들어, 연인과의 이별을 극복하는 중이며 다시 데이트를 시작할 준비가 된 것 같다면, 새로운 사람을 만날 기회를 찾아라. 인터넷에 데이트에 관한 생각을 올리거나, 사람들에게 새로운 연인을 찾고 있음을 알리는 것도 방법이다.

자기표현력

• 자신을 위해 하루를 정해서 자기가 하고 싶은 것만 하자.

• 좌절을 최소화하도록 다른 사람들과의 적절한 거리를 계속 유지
  하자.

• 이번 달 안에 적어도 세 번 이상 긍정적인 의사나 반응을 표현하자.

• 자신이 원하거나 꼭 해야 할 일을 두 가지 골라서 완수하자.

대인관계 능력

• 누군가와 처음 인사를 나눌 때 처음에 하는 말이나 동작을 되돌아
  보라. 행동을 바꾸면 대인관계가 더 좋아질 것 같은가? 그렇다면
  다른 식으로 사람들과 인사를 나눠보자.

• 다른 사람과 대화할 때, 자신에 대해서든 상대방에 대해서든 비판
  하려는 마음이 드는 순간이 있는가? 그런 마음이 생기면 상대방의
  이야기에 귀를 기울이지 않게 될 수 있으니 주의하자.

• 다른 의견을 정중하게 표현하는 기술을 익히자.

• 당신과 완전히 다른 사람과 대화를 나눠보자. 자기와 다른 점을 비
  판하려 들지 말고 그 사람에 대해 관심과 호기심을 갖자.

열심히 일하는 능력

• 매주 하루는, 자신이 원하거나 해야 할 일을 두세 가지 골라서 다
  른 일을 하기 전에 그것부터 하자.

- 이번 달에 진심으로 즐겁게 할 수 있는 일을 한 가지 정해 달력에 표시해놓자.
- 매주 5분씩 시간을 내서 당신이 이룬 것을 떠올려보고 그에 따른 만족감을 느껴보자.

| 태도 |

낙관주의

- 첫째, 둘째 달에 특히 도움됐던 실행 방안들을 계속 실천하자.
- 이번 달에 단 하루만큼은 심각한 생각을 하지 말자.
- 어려웠던 상황을 떠올려보라. 누구를 탓할지 생각하지 말고 그 일을 통해 무엇을 배웠는지 스스로에게 물어보자.
- 낙관주의자들과 대화를 나누고 그들과 있을 때 당신은 어떤 기분이 드는지 생각해보자.
- 잘 듣고 기회를 찾아라! 그런 기회는 낙관적인 눈을 통해서만 볼 수 있다.

열린 마음과 호기심

- 특정한 주제에 대해 당신과 반대되는 생각을 갖고 있는 사람과 대화를 나누자. 목표는 그들의 생각을 완전히 이해하는 것이다.

- 평소 같으면 피했을 법한 이야기를 하거나 오락 활동을 해보자.
- 친한 친구나 가족에게 "너에 관해 내가 알아야 할 중요한 내용이 있니?"라고 물어보자.
- 사교적인 모임에 갔다면, 잘 모르더라도 호기심이 생기는 사람과 대화를 나눠보자. 여러 가지 질문을 하고, 말하기보다는 이야기를 듣는 데 집중하자.

삶에 대한 주도의식

- 결정할 일이 생기면, 나중에 누군가에게 의견을 구해야 하더라도, 자신이 먼저 충분히 생각하는 시간을 갖자.
- 당신의 일정을 감안해 통화하기 가장 좋은 때를 사람들에게 알려주자.
- 자잘한 일상 때문에 통제력을 잃은 기분이 들면 잠시 멈추고 자신의 우선순위와 가치를 떠올리자.
- 삶에서 스트레스가 심한 부분과 그에 대해 자신이 할 수 있는 일을 정하자. 그런 다음 미루지 말고 그 일에 집중하자.
- 늘 하고 싶었던 일을 한 가지 골라서 바로 하자!
- 늘 그만두고 싶었던 일을 한 가지 골라서 바로 그만두자!
- 일이 잘 풀리지 않을 때는 자신에게 이렇게 물어보자. '내가 어떻게 해서 이런 결과가 나왔을까? 내 잘못에 책임을 진다면, 앞으로는 어떻게 다르게 할 수 있을까?'

야망

- 예전부터 회피했거나 미뤄두었던 일을 한 가지 하자. 그 일을 마치면 자신에게 보상해주자.
- 다음 문장을 완성하자. "나는 이번 달에 _____ 을 하기 위한 방법을 열심히 실천할 것이다."
- 다음 문장을 완성하자. "나는 이번 달 나의 발전에 방해되는 ___ 을 극복할 것이다."

| 재정적 효율성 |

재정적 능력

- 재무상담사나 세무사를 만나서 자신의 재정 상태를 확인한다.
- '힘든 날'에 대비하거나 '즐거운 날'을 기념하기 위한 계좌를 만든다. 둘 다 만들어도 좋다.
- 보험을 들었거나 들려고 한다면, 해당 상품이 당신에게 필요한 항목들을 모두 포함하고 있으며 금액도 적절한지 꼼꼼히 확인한다. 다른 보험사와도 비교해보자.
- 자기 재산에서 상속할 금액 등을 포함한 재정 계획을 확인한다. 간단한 유산 상속 계획을 세워서 생전 신탁을 함으로써 유언장 공증을 하지 않는 사람들도 있다. 당신의 신탁이 최신 방식이 아니라면

상담사와 상담해보자.

- 자선 기부금에 대해서도 잘 생각하자. 자신이 중요하게 여기는 가치 그리고 자신의 재정 상태에 따라 적절히 조절하자.

재정적 편안함

- 재정적 편안함에 관한 기록을 매주 검토하자. 어떻게 하면 재정적인 문제에 대해 더 편해질 수 있는지 생각해보자. 예를 들어, 사람들과 점심을 먹고 있는데 '주식 시장의 변동성'에 관한 이야기가 나왔다. 당신은 그들이 하는 말을 이해하지 못하므로 자리가 불편해질 것이다. 다음에는 대화에서 물러나 있지 말고 주식 시장의 변동성이 무엇인지 설명해달라고 하자.
- 누군가에게 점심을 사겠다고 하자. 아니면 사달라고 하자. 어떤 기분이 드는가? 사주는 쪽이 편한가, 받는 쪽이 편한가? 이런 방법으로 재정적 편안함을 느끼지 못했던 이유를 알았다면, 태도나 행동을 바꾸기 위한 실행 방안을 결정하자.
- 당신이 평소 돈을 아끼는 편이라면 자신이 한턱내야 할 때 한 번쯤은 기꺼이 쓰자. 반대로 쓰는 쪽이라면 이번 주에는 꼭 사고 싶은 자리라도 안 된다고 말하자.
- 돈과 개인적인 금융 생활에 관해 계속 배우고, 이야기하고, 관련 서적을 읽자.

매달 해야 할 일 : 꾸준함이 중요하다

회복력

- 자신에 대해 잘 생각해보고 이렇게 물어보자. '나를 가로막는 태도 와 행동방식에는 어떤 것들이 있는가?'
- '나한테 무슨 문제가 있는 게 틀림없어'라든가 '그렇게 바라던 승진 을 못 한 것, 집을 살 형편이 못 되는 것, 더 성공하거나 편안한 사 람을 배우자로 만나지 못한 것을 난 절대 극복하지 못할 거야' 같 은 말들을 자신에게 하는 것처럼, 평소 스스로에 대해 어떤 부정적 인 생각을 하는지 잘 생각해보자. 이렇게 자기 인식을 하는 연습을 하면서, 어떻게 하면 긍정적인 가능성에 에너지를 집중할지 생각해 보자.
- 자기도 모르게 자신에 대해 부정적이거나 변명하는 생각을 하고 있 다는 것을 깨달았다면 잠시 멈춰서 그런 생각을 중단시키자. 전화 기의 '정지' 버튼을 누르고 있다고 상상하자. 그리고 멈춰 있는 동 안 이렇게 하자.
  - ▶ 자기 내면의 목소리에 부정적인 말 대신 긍정적인 말을 하라고 명 령한다.

258

▶ 자신의 강점과 그동안 자신이 이루었던 것을 떠올려본다.

▶ 기회는 또 올 거라고 말한다.

▶ 현재에 갇혀 있지 말자. 내일은 모든 것이 다르게 보일 거라고 자신에게 말하자.

• 아무리 작더라도, 긍정적인 결과는 어떤 것이든 인정하자.

자기표현력

• 다른 사람과 대화할 때는 질문하는 것처럼 목소리를 높이지 말고 서술 형태로 마치는 연습을 하자.

• 동작에도 신경 쓰자. 똑바로 서서 상대방의 눈을 바라보자.

• 잘못한 일이 없는데도 사과하는 짓은 하지 말자.

• 갈등 상황에 대응할 때도 '자동적으로 미소를 짓게 되지'는 않는지 주의하자. 그런 경향이 있다면 언제, 어떤 식으로 하게 되는지 잘 생각해보라.

• 말하고 있을 때 누가 끼어들면, 아직 말을 마치지 않았음을 그 사람에게 알리자.

• 자신의 의도를 명확하게 표현하자.

• 자신이 할 수 있는 범위를 벗어나지 말자.

대인관계 능력

• 이해가 안 되는 부분은 질문해서 분명히 이해한다.

- 설령 다른 사람들이 당신에게 동의하지 않더라도 자신의 관점을 유지한다.
- 자기 생각과 감정을 인정한다.
- 다른 사람의 생각과 감정을 인정한다.
- 다른 사람은 화를 내거나 지나치게 감정적으로 행동하는 상황이라도, 자신은 감정을 조절한다.
- 자신의 행동에 늘 신경을 쓴다. '나는 지금 열린 마음으로 편안하게 상대방과 대화하고 있는가?'
- 대화 상대가 보내는 신호를 잘 파악해서 그에 따라 적절히 대응한다.

열심히 일하는 능력

- 멘토를 만나거나, 소중한 친구 및 동료들의 지지를 받아서 풍족함을 향한 여정을 계속하자.
- 아침이나 저녁에 할 일 목록을 만드는 습관을 들여서, 하루 동안 명심해야 할 우선순위를 확인하자.
- 방해받지 않는 시간을 두 시간 이상 확보해서 중요한 일을 한 가지 끝내자.
- 가장 가치 있게 여기는 목표를 늘 유념하자.
- 자신이 이룰 수 있는 현실적인 목표를 세우자.

낙관주의

- 한 주가 시작될 때마다, 불가능하다고 생각하는 것이 사실은 가능하다고 믿는 연습을 하자.
- 결국은 다 잘되는 쪽으로 미래에 대한 시나리오를 상상하자.
- 어려운 일이 생겨도 자신이 잘 해결해서 극복할 수 있다고 믿는 연습을 하자.
- 불확실할 때는 '된다'는 쪽으로 생각하고, '안 된다'는 생각과 감정은 밀어내자.
- 자기 내면에서 좌절의 목소리가 들리지 않는지 귀를 기울여보자. 그런 목소리가 들리면 바로 멈추게 하고 더 좋은 기분을 되찾으라고 말하자.

열린 마음과 호기심

- '초보자의 마음'을 갖는 연습을 하자. 신선한 태도와 열린 마음을 갖고, 어떤 주제나 사람에 대해 마치 처음으로 배우는 것처럼 다가가자.
- 자신에게 늘 물어보자. 상황이 안 좋을 때는 특히 더, '이 상황에서 내가 배울 수 있는 것은 무엇일까' 생각해보자.
- 마음이 닫힌 것을 알았다면 잠시 멈춘 다음, 다른 관점에서 흥미나

가치를 찾기 위해 최선의 노력을 다하자. 자신이 상대방의 입장이라 생각하고 그 관점에서 이야기해보자.

삶에 대한 주도의식

- 자신의 힘이나 권리를 성급히 포기하지 말자.
- 통제력을 잃기 시작한 느낌이 들면 자기 생각과 감정에 더욱 집중하자. 무엇 때문에 그런 기분이 드는가? 지금까지 알게 된 것들을 통해, 그런 기분이 드는 때를 인식하자. 그래야 잠시 멈추고 한 걸음 물러나 통제력과 균형을 되찾을 수 있다.
- 누군가가 뭔가를 부탁하면 곧장 들어주겠다고 대답하지 말자. 잠시 생각해보고 알려주겠다고 말하자.
- 마찰을 피할 수 없다는 판단이 들면, 상대방의 어떤 점 때문에 문제가 발생했는지 이야기하며 그와 맞서자. 처음에는 어려워 보이지만, 자신이 상황을 통제한다고 느끼는 데 도움이 될 것이다.
- 자신이 할 수 없거나 하고 싶지 않은 것에 대해 변명하거나 이유를 대야 한다고 생각하지 말자.
- 업무 일부를 위임하자.
- 현실적인 목표를 정하자. 목표를 이루는 데 걸리는 시간을 너무 길거나 짧게 잡으면 기간, 태도, 행동방식 등 목표를 위한 방법들을 정하거나 목표를 바꿀 때도 비현실적이 된다.
- 사업상의 의무는 수첩에 적어 놓고 꼭 지키는 것처럼, 개인적인 의

무와 사회적인 의무도 반드시 지키자.

야망

- 야망을 가지려면 자아존중감이 있어야 한다. 그러므로 다른 사람들이 하는 칭찬도 받아들이고 스스로도 자신을 칭찬하자.
- 집중해서 목표를 추구하는 데 방해가 되는 행동은 그만두자.
- 미루기 시작할 때를 알아차리고 왜 그렇게 되는지 생각해보자. 자신을 비난하지 말고 그런 모습을 인식한 것에 점수를 주자.
- 비교는 하지 말자. 비교는 아무 도움도 되지 않으며 앞으로 나아가는 데 방해만 된다는 것을 잊지 말자.
- 비판을 받거나 불편한 기분이 든다고 해서 뒤로 물러나서는 안 된다.
- 자신의 마음 상태를 주시하라. 야망이 있는 사람이 되기 위해 억지로 야망을 가질 필요는 없다.
- 자원활동을 하자. 어린이 스포츠팀 코치를 하거나 예술 작업을 하거나 학교나 직장에서 독립적인 프로젝트를 자원해서 맡는 것도 좋다.

| 재정적 효율성 |

재정적 능력

- 은행 거래와 신용카드 내역을 꼼꼼히 살펴본다. 이해가 되지 않을

때는 친구나 상담사의 도움을 받는다.

- 퇴직 이후를 위해 해야 할 일들을 30분씩 생각해본다.
- 돈 쓰는 곳을 한 가지 이상 줄여서 그 금액만큼 저축하거나 투자한다.
- 돈을 쓰기 전에 잠시 멈추는 연습을 한다. 자신의 가치와 계획에 맞는 지출인지 잘 생각한다.

재정적 편안함

- 매주 월요일 아침마다, 돈과 관련된 다음 활동 중 한 가지에 대한 자신의 감정이나 생각을 적어보자.
  - ▶ 벌기
  - ▶ 투자하기
  - ▶ 저축하기
  - ▶ 소비하기
  - ▶ 나누기
- 그 감정과 생각들이 자신을 원하는 방향으로 이끌어주고 있는지 매주 스스로에게 물어보자. 그렇지 못하다면, 그런 부분을 바꾸기 위해 어떻게 생각하고 느껴야 할지 상상해보자.
- 친구나 동료들이 옷, 집, 자동차, 장난감, 휴가 등에 돈을 쓰는 모습을 보고 못마땅한 마음이 들 때를 주목하자. 이런 비난이 어떻게 불편한 기분으로 이어지는지 생각해보라.
- 돈과 금융에서, 좀 더 편해지고 싶은 분야에 관한 글들을 읽자.

부자지능을 위한 3개월 여정을 마치며: 다시 검토하기

부자지능을 위한 3개월 계획을 충실히 따랐고 목표를 이루기 위해 최선을 다했다면, 축하한다! 당신은 부자지능을 높이기 위한 가장 중요한 단계를 끝마친 것이다. 이제 당신은 자신의 삶을 바꾸고 자기 삶의 리더가 될 수 있는 힘을 얻었다.

이제는 지금까지 당신이 이룬 것을 잘 살펴보고, 계속 노력하고 싶은 부분이나 살면서 갖추고 싶은 태도와 행동방식들을 생각해볼 시간이다. 당신이 성취한 것을 확인해보라. 당신이 정한 목표들에서 어떤 성과들을 거두었는지 나열해보라. 아무리 작은 것이라도, 또 잠시 멈추거나 멀리 돌아간 때가 있다 하더라도, 성공한 것에 주목하자. 태도와 행동방식을 바꾸기 위한 과정을 시작했다는 자부심을 갖자. 같은 패턴이 오래 지속되면 변화하기가 그만큼 어렵다는 것을 명심하자. 토끼보다는 거북이 경주에서 이길 때가 많다는 것도 잊지 말자.

그다음에는 특정한 목표를 이루는 데 방해가 되었던 것들을 살펴보자. 당신이 세웠던 각각의 목표에 대해 다음의 사항을 점검하자.

- 당신이 완수하지 못했거나 어렵게 느꼈던 실행 방안의 목록을 작성하자.
- 그 실행 방안들에 대해 다음을 중점적으로 생각해보자.

▶다른 사람들의 행동이나 경제 상황 등 자신을 가로막았던 외적 요인.

▶자신이 갖고 있는 방어기제 등 자신을 가로막았던 내적 요인.

진지하고, 신중하고, 꾸준하게 자신이 세운 계획을 지킨다면, 당신은 충분히 부자지능 조절기의 눈금을 올릴 수 있다. 굳이 노력하고 싶지 않다는 것을 깨달았다면 현 상태를 그대로 수용할 것을 권한다. 그리고 인생의 이 시기에 당신이 기꺼이 하고 싶은 일(혹은 하고 싶지 않은 일)과 자신의 모습을 정확히 받아들이는 것으로 개인의 힘과 평화를 찾으라고 권하고 싶다.

풍요하고 균형 잡힌
삶을 위하여

팀은 텍사스에 있는 한 제조회사의 중간관리자였다. 그는 상사와 부하직원 모두로부터 존경받았다. 평일에는 야근을 자청했고, 토요일에도 대부분 회사에 나와서 일을 했다. 그는 잘해나가고 있었으며 차도 새로 사고 낚싯배도 마련할 계획을 갖고 있었다. 하지만 2008년에 그의 회사는 외국인 근로자들을 고용하기 시작했다. 그리고 2009년 경기침체가 본격화되자 회사는 그의 부서 규모를 축소하기로 결정했고, 팀을 포함한 직원들 대부분을 정리해고했다.

팀은 충격에 빠졌다. 15년이나 일하면서 황금 같은 실적을 기록했지만 회사가 그에게 준 것은 3개월분의 위로금과 책상을 정리할 사흘의 시간뿐이었다. 그는 즉시 다른 직장을 알아보기 시작했지만 다닐 만한 곳은 한 군데도 없었다.

직장을 잃거나 집을 압류당하는 힘든 상황에 처하면, 크게 생각하고 우선순위에 따라 살고 부자지능을 얻기 위해 노력하라는 말이 배부른 타령으로 들릴 것이다. 우리도 안다. 그러나 우리를 찾아왔던 고객들은 돈에 대한 불안감에서 벗어나 자신의 다른 면을 보는 법을 배웠다고 했다. 다른 방식으로 사는 법을 배운 것이다. 어떤 이들은 그렇게 해서 얻은 새로운 삶을 지난 삶보다 훨씬 만족스럽게 여긴다.

힘든 시기가 닥치자 팀과 그의 아내는 자신들이 중요하게 여기는 가치를 돌아보았다. 그리고 삶을 완전히 새로 시작하는 자세로 미래를 고민해보았다. 의외로 너무 쉬웠다. 그들이 가장 높은 우선순위로 꼽은 것은 평화와 생산성(일)이었다. 큰 부자가 되거나 더 많은 힘을 갖고 싶은 욕심은 없었다. 경제적으로 안정되고 평화로운 생활을 할 수 있다면 충분했다.

그들은 이웃들과 가깝게 지낼 수 있는 아담한 도시에서 살고 싶었다. 괜찮은 공립학교가 있고, 두어 시간 거리에 가까운 친척들이 있는 곳을 원했다. 수입 내에서 생활하고, 신용카드는 그만 쓰고 싶었다. 또 팀은 딸을 키우기 좋고 산이 있는 곳에서 살고 싶었다. 그는 산에서 캠핑하거나 걸을 때 깊은 만족과 평화를 느꼈다.

그들은 계획을 바꾸었다. 일이 아니라 살고 싶은 곳을 먼저 찾기 시작했다. 일단 로키 산맥 주에서 여섯 군데를 알아보았다. 그중 한 곳에 있는 학교를 방문했다가 팀은 게시판에 붙어 있는 하급 관리직 채용 공고문을 발견했다. 그는 그곳에서 일자리를 얻었다. 간호사였던 그의 아내도 지역 내 병원에서 일하게 되었다. 수입은 줄었지만 팀은 거의 매일 집에 와서 저녁 식사를 했고, 주말은 자신과 가족을 위해 보냈으며, 그토록 좋아하는 산을 가까이 할 수 있었다. 팀은 시간제로 컨설팅 일까지 했다. 예전에 재무관리 분야에서 쌓은 경력이 큰 도움이 되었다.

팀과 그의 가족은 갑자기 불어닥친 경제 위기 덕분에 오히려 예기치 않은 이득을 얻었다. 팀은 직장에서의 경력이 아닌, 자신의 핵심 가치에 따라 삶을 이끌어가기 시작했다. 끊임없이 자신을 괴롭히던 '더! 더! 더!'의 강박관념에서도 벗어났다. 많이 일하고 많이 버는 것만이 능사가 아니었다. 진정으로 풍족해지려면 자기가 쓰는 시간의 질이 매우 중요하다는 것을 알게 되었다. 그래서 그들 부부는 자신들의 핵심 가치에 따라 생활했다.

자신의 핵심 가치에 따른 재정 생활을 하면서 열심히 노력하고 인내할 자세가 갖춰져 있으면 성공할 가능성은 매우 높다. 자신의 가능성을 믿고 그 믿음을 유지하는 것은 매우 중요하다. 다음과 같이 생각하며 자기 삶에 책임질 때 당신은 비로소 자유로워질 수 있다.

"나는 나 자신을 진지하게 생각할 것이며, 더 나은 인생을 꾸릴 것이다. 나는 삶을 본질적으로 변화시킬 능력이 있으며, 열심히 노력할 각오도 되어 있다. 나는 나에게 주어진 일을 할 수 있는 능력이 있다.

나는 내 한계를 넓힐 것이며, 가능성을 훨씬 뛰어넘을 것이다."

본문에서 우리는 부자지능을 발휘하는 방법들에 초점을 맞췄다. 이
제는 한 걸음 뒤로 물러나, 자신의 삶에서 풍족함이 어떤 의미인지 큰
그림을 그려보라고 말하고 싶다. 우리는 고객들이 변화하는 모습을 숱
하게 봤다. 부자지능지수를 높이면 돈도 많이 벌고, 인간관계가 좋아
지고, 불안은 줄고, 건강도 좋아지고, 기쁨과 가능성을 더 크게 느낄
수 있게 된다. 간단히 말하면 어떤 기술과 강점을 갖고 있든, 또 어떤
위기를 겪고 어떤 약점을 갖고 있든 상관없이, 우리는 더 나은 인생을
살 수 있다.

부자지능을 발휘한다는 것은 자기 삶에 대한 통제력과 선택권을 갖
게 되는 것이다. 기대만큼 완벽한 삶이 되지 않을 수도 있다. 하지만
지금보다는 훨씬 풍족해진다는 것을 보장한다. 당신의 생각과 행동이
더욱 일치되고, 자기 내면의 힘이 삶의 의미와 목표, 에너지를 부여하
고 이끄는 삶이 될 것이다.

'이 계획을 따르면 부자가 될 수 있을까?' '이 여정을 마치면 돈을
더 많이 벌게 될까?' 이렇게 묻는 사람도 있을 것이다. 장담하건대 부
자지능 프로그램을 따르면 훨씬 행복하고 풍족하게 살 수 있다. 당연
히 돈도 더 많이 가질 수 있다. 하지만 샬린이 말했던 것처럼, 통장에
찍힌 숫자로는 자아존중감도 사랑도 감사하는 마음도 살 수 없다. (명
심하라, 부자지능의 다섯 가지 우선순위 중에서 돈에 관련된 것은 한 가지뿐

이다.) 부자지능이 조금씩 높아질수록, 당신은 우리가 말한 '경제적 만족' 즉 돈과 개인적인 충족감이 조화를 이룬 삶을 살 수 있게 될 것이다.

조지의 이야기를 들어보자. 예순 살인 그는 부동산 건설로 백만장자가 된 사람이다. 그는 어떻게 해서 그렇게 성공했는지, 다른 사람은 안 하는 어떤 것을 실천했는지 묻는 자녀들에게 이렇게 대답했다고 한다.

"나는 운이 좋았던 것에 특히 감사한단다. 나만큼 열심히 일했어도 크게 성공하지 못하는 사람들이 많으니 말이다. 나는 아침에 눈을 뜰 때마다 일할 생각에 흥분됐지. 너희도 보았겠지만, 우리 회사 사람들은 전체가 하나의 팀처럼 일했다. 모든 직원들이 전력을 다해 자기가 잘하는 일을 했고, 신의를 지키고, 필요할 때는 기대 이상의 노력도 마다하지 않았지. 그러면서도 즐거운 시간을 보내려고 애썼어. 그 덕분에 우리 회사는 크게 성공했고, 운 좋게 경기 상승에도 힘입을 수 있었지.

물론 나라고 돈을 더 많이 벌고 싶은 욕심이 왜 없었겠니? 하지만 나는 부자가 되기 위해서가 아니라 내 능력을 발휘하기 위해서 사업한다는 사실을 잊지 않았단다. 그래서 고객들이 해주는 피드백에도 성심껏 귀를 기울였고, 반드시 그들을 만족시켰지. 그것만으로도 충분히 행복했어. 그리고 솔직히 말하면, 이렇게 크게 성공하지 않았어도 나는 무척 행복했을 거다. 내가 기억하기에, 가장 좋았던 시절은 사업 초기의 몇 년간이었지. 살아남기 위해 일과 씨름하고 위험과 싸우던 그때 말이다. 내 인생을 통해 알게 된 것이 있다면, 사람은 누구나 자신의 관심 분야와 능력을 따를 때 성공할 수 있다는 거다. 내가 너희에게 바라는 것도 그것이란다. 너희가 진정으로 좋아하고 잘할 수 있는 일을 찾으렴."

조지의 이야기에 나타난 것처럼, 풍족한 사람들은 자기가 시간을 어떻게 쓰는지 정확히 알고 있고, 모험을 즐기되 수입을 벗어난 생활은 하지 않는다. 그들은 자기주장이 확실한 동시에 신중하며, 즐거움을 주는 일과 몰입하는 일을 중시하고, 리더로서 팀 만드는 것을 좋아하며, 자기가 가진 것을 기꺼이 되돌려주는 사람들이다. 우리와 마찬가지로 그들에게도 약점과 단점이 있다. 하지만 그들은 자신의 그런 부분을 인정하는 일을 부끄럽게 여기지 않는다. 오히려 약점을 통해 배우고 앞으로 나아가려고 한다.

인생은 롤러코스터를 타는 것과 같다. 오름세에 들떠 무절제하거나 내림세에 전전긍긍할 필요는 없다. 매 순간 일희일비하기보다는 삶의 큰 그림을 그려서 집중하는 동시에 그 과정을 즐기자. 부자지능이 있는 사람들은 전체적으로 삶에 충실하며, 지엽적인 부분에만 매달리지 않는다. 큰 그림을 보지 못한 채 작은 일에 매달리다 보면, 일이 뜻대로 되지 않을 때 자신에 대한 상실감으로 이어지고 절망하게 된다. 그럴 때는 모든 것을 잃었다는 기분에서 한 걸음 물러나 평소의 관점을 되찾아야 한다.

성공도 마찬가지다. 열정과 끈기를 갖고 목표를 추구하면 그 과정 자체로 성공한 기분을 느낄 수 있다. 궁극적인 목표는 내적인 자유와 안정, 힘을 얻는 것이며, 자신이 할 수 있는 선택의 범위를 볼 줄 아는 것이며, 자신의 능력을 총동원해서 외부 환경에 효과적으로 대응할 수 있게 되는 것이다.

다이어트든, 식이요법이든, 삶에 대한 전략을 세우는 것이든, 자신을 바꾸기 위해서는 꾸준한 노력이 뒷받침돼야 한다. 우리는 인생에서 당신이 기대하고 얻을 수 있는 것들을 위해 새로운 기준점을 마련하라고 충고하고 싶다. 꾸준히 부자지능 프로그램을 따르고 그것을 현실로 만들어라. 부자지능을 갖고 싶다면 그러기 위해 온 힘을 다해야 한다. 집중해서 끝까지 완수하기 위해 노력하고 과정을 신뢰해야 한다. 우리 고객의 말처럼, "자기가 말하는 것을 하고, 자기가 한 것을 말하라."

부자지능을 갖지 못할 거라고 말하는 내면의 부정적인 목소리는 무시하자. 대신 당신에게 가장 좋은 것을 원하고 풍족해지기를 바라는 목소리에 귀를 기울이자. 당신은 가장 중요하게 여기는 것에 집중하고, 약속한 내용을 충실히 따르고, 발전에 도움이 되는 쪽으로 방어기제를 활용하면서 돈을 벌기 위해 열심히 일해야 한다. 어떤 사람에게는 힘겨운 일이 되겠지만, 어떤 사람에게는 앞길을 가로막는 것에

"노"라고 말하고 좋은 것에는 "예스"라고 하는 것만큼 간단한 일이 될 수도 있다. 더 이상 변명은 하지 말라. 당신은 자기 자신과 이 모든 과정에 대해 흔들리지 않는 믿음을 유지해야 한다.

마지막으로 한 가지만 당부하고 싶다. 충분한 돈을 갖는 것도 중요하지만 인생이 돈에 좌우되어서는 안 된다. 돈을 핵심 가치로 여기는 사람들은 자신이 이룬 부를 지키지도 못하고 다른 중요한 가치들도 잃는 경우가 많다. 이런 가족들을 두고 "부자가 3대를 못 간다"는 말이 있는 것이다. 실제로 부자들의 80% 이상이 3대째에 그 부를 잃는다.
부유한 사람 중에 돈으로 권력과 풍족함을 얻으려는 사람도 있을까? 당연히 있다. 하지만 돈으로 얻은 힘은 그 효과가 제한적이다. 황금 새장이나 다름없는 집에서 사는 외로운 부자들의 이야기를 한 번쯤은 들어봤을 것이다. 그들의 세상은 믿을 수 없는 사람들로 가득 찼고, 친구들도 돈으로 만든 관계다. 의미와 목적이 없고 사람들과의 관계에서 즐거움을 느끼지 못하기 때문에 늘 불편하고 불안하며, 주의를 돌릴 것을 찾아 공허함을 채우려고 한다.
우리 고객이었던 맥스는 자신이 수백만 달러의 유산을 상속받았다는 사실을 사람들이 알까 봐 극도로 두려워했다. 그는 북서부의 자그마한 도시에서 중상류층들이 사는 집에 살았다. 그는 돈 때문에 이용당하거나 상처받거나 신변의 위협을 받을지도 모른다는 두려움에 사로잡혀 있었다. 그래서 그는 숨어서 돈이 없는 척하고 살았다. 그의 유일한 탈출구는 가끔 맨해튼에서 한두 주 머물며 마음껏 돈을 쓴 다음 은거지로 돌아오는 것이었다. 이것이 풍족한 삶인가? 부유하지만 외롭고 우울한 삶일 뿐이다. 부자지능을 높이면 자기가 살고 있는 곳에서 사랑하는 사람들과 더 즐겁고 만족스럽게 살 수 있다.

맥스처럼 돈 때문에 오히려 불행해진 많은 사람들의 이야기를 접하고서 우리는 MMC 연구소를 설립했다. 하지만 이 책을 쓰도록 이끌어준 것은 승리감과 열정, 낙관적인 사고로 가득한 인생을 누리는 사람들이었다. 풍요함의 일곱 요소를 모두 갖추고 사는 것이 얼마나 중요한지 알게 된 것도 성공한 이들의 이야기를 통해서였다. 그 일곱 요소들은 더하고 덜한 것 없이 모두가 똑같이 중요하다. 물론 돈도 마찬가지다.

우리가 부자들을 만나고 가장 크게 고무되었던 부분은, 그들도 우리와 다를 바 없다는 것이었다. 그들이 우리와 다른 것은 단 하나, 자신이 삶을 바꿀 수 있다는 사실을 믿었다는 것이다. 그들은 완벽하지도 않고 늘 최고의 타이밍을 만나지도 못했다. 어려움에 부딪힌 적도 있고 멀리 둘러서 간 적도 분명 있었다. 하지만 그들은 자신이 풍족한 삶을 이룰 수 있으며 자기 내면에 힘이 있다는 것을 믿었고, 자기가 속한 세상에서 꿈을 이룰 자원을 찾고 유지하는 데 집중했다. 당신도 할 수 있다.

풍족한 삶은 당신의 손이 미치는 곳에 있다. 당신이 들고 있는 열쇠를 자물쇠 안에 넣었더니 빙그르르 돌아가는 소리가 들리고 찰칵 문이 열리는 상상을 해보라. 그리고 이제 당신 주머니 안에 있는 열쇠를 느껴보라. 용기를 내서 여행을 시작하는 데 쓰이기를 기다리고 있는 열쇠 말이다. 부자지능이라는 열쇠로 당신 안에 존재하는 힘을 발휘해보자. 그렇게 하면 개인적으로도 금전적으로도 더 부유해질 수 있다. 아래 내용만 기억하면 된다. 부자지능을 발휘할 수 있는 핵심 비결이다.

- 행동을 바꿔라 : 실천하고 노력하라.
- 신념을 지켜라 : 자신을 믿고, 자신이 세운 목표를 믿어라.
- 과정이 곧 결과다 : 목표를 향해 가는 여정도 목표를 이룬 것만큼 만족스러울 수 있다.
- 당신의 선택에는 대가와 보상이 따른다 : 되도록 후회하지 않는 삶을 살자.
- 생각 없이 행동하지 말라 : 자신에게 정말로 중요한 것을 깨닫고 날마다 기억하라.
- 미래는 스스로 만들어가는 것이다 : 과거가 미래를 결정짓게 내버려두어서는 안 된다.
- 관점을 유지하라 : 일부를 가지고 행복 전체를 규정짓지 말자.
- 작은 것부터 시작하라 : 시작했다는 자체로 일단은 성공이다.
- 돈으로 자신의 가치를 평가하지 마라 : 재정적 가치와 자아의 가치는 같지 않다는 것을 늘 명심하라.

부자지능을 발휘하라! 그러면 당신의 진짜 모습이 최대로 반영된 삶을 누릴 수 있을 것이다.

멈추면, 비로소 보이는 것들
혜민 지음 | 이영철 그림 | 14,000원

관계에 대해, 사랑에 대해, 인생과 희망에 대해… '영혼의 멘토, 청춘의 도반' 혜민 스님의 마음 매뉴얼! 하버드 재학 중 출가하여 승려이자 미국 대학 교수라는 특별한 인생을 사는 혜민 스님. 수십만 트위터리안들이 먼저 읽고 감동한 혜민 스님의 인생 잠언! (추천: 쫓기는 듯한 삶에 지친 이들에게 위안과 격려를 주는 책)

인생학교 시리즈
알랭 드 보통 외 지음 | 정미나 외 옮김 | 각 권 12,000원

알랭 드 보통이 영국 런던에서 문을 연 '인생학교'는 삶의 의미와 살아가는 기술에 대해 강연과 토론, 멘토링, 커뮤니티 서비스 등을 제공하는 글로벌 프로젝트다. 이 책은 '인생학교' 최고의 강의 6편을 책으로 엮은 시리즈다. 일, 돈, 사랑, 정신, 세상, 시간 등 6가지 인생 키워드에 대해 근원적인 탐구와 철학적 사유를 제안한다.

김미경의 드림 온(Dream On) : 드림워커로 살아라
김미경 지음 | 15,000원

"꿈은 어쩌다가 우리에게 '밀린 숙제'가 되었을까?" tvN '김미경쇼'의 진행자이자, 국민 강사 김미경 원장의 칼칼하고 통쾌한 강의를 책으로 만난다! 이 책은 꿈의 재료와 기술, 메커니즘을 밝혀낸 대한민국 꿈의 교과서로, 꿈을 찾고 있거나 꿈 앞에서 좌절하는 모든 이에게 제대로 된 꿈을 만들고, 키우고, 이루는 기술을 알려준다.

이기는 습관
1편 동사형 조직으로 거듭나라 | 전옥표 지음 | 12,000원
2편 평균의 함정을 뛰어넘어라 | 김진동 지음 | 12,000원

'총알 같은 실행력과 귀신 같은 전략'으로 뭉친 1등 조직의 비결과 실천적인 지침을 담았다. 1편에서 고객 중심의 실행력과 조직력을 설명했다면, 2편에서는 원칙과 기본기에 충실히 임하여 이기는 기업으로 우뚝 설 수 있는 방법을 제시한다.

가끔은 제정신
허태균 지음 | 14,000원

우리가 무엇을 착각하는지 알면 세상을 알 수 있다! '착각' 연구 대한민국 대표 심리학자 허태균 교수가 선사하는 우리 '머릿속 이야기.' 이 책은 심리학적 이론을 토대로 '착각의 메커니즘'을 유쾌하게, 명쾌하게 때로는 뜨끔하게 그려낸다.(추천:타인의 속내를 이해하려는 사람이나, 중요한 의사결정을 내려야 하는 리더들에게 꼭 필요한 책)

부자들은 세금으로 돈 번다
김예나 지음 | 17,000원

마땅한 투자처를 찾기 쉽지 않은 저금리 시대에 숨은 1%를 찾아내려는 노력은 투자자들에게 절체절명의 과제다. 이 책은 그런 의미에서 단 한 푼의 돈도 새어나갈 수 없도록 지키는 투자로서, 세테크에 관한 유용한 정보를 제공하고 있다. 꼭 자산이 많지 않은 사람이라도 부자들의 생생한 절세 노하우를 배울 수 있다.

인생에 변명하지 마라
이영석 지음 | 14,000원

쥐뿔도 없이 시작해 절박함 하나로 대한민국 야채가게를 제패한 '총각네 야채가게' 이영석 대표. '가난하게 태어난 건 죄가 아니지만 가난하게 사는 건 죄다, 똥개로 태어나도 진돗개처럼 살아라, 성공하고 싶다면 먼저 대가를 치러라….' 비록 맨주먹이지만 빌빌대며 살지 않겠다고 다짐한 이들에게 바치는 성공 마인드!

답을 내는 조직: 답이 없는 것이 아니라 생각이 없는 것이다
김성호 지음 | 15,000원

《일본전산 이야기》의 저자가 4년 만에 내놓은 후속작. 지금 우리에게 필요한 것은 돈도, 기술도, 자원도 아닌, 기필코 답을 찾겠다는 구성원들의 살아 있는 정신이다. 이 책은 어떻게 하면 답을 찾는 인재가 될 수 있는지 크고 작은 기업들의 사례를 통해 속 시원히 밝힌다. (추천 : 잠들었던 의식을 일깨우고 치열함을 되살리고 싶은 모든 이들)

혼·창·통: 당신은 이 셋을 가졌는가?
이지훈 지음 | 14,000원

세계 최고의 경영대가, CEO들이 말하는 성공의 3가지 道, '혼(魂), 창(創), 통(通)'! 조선일보 위클리비즈 편집장이자 경제학 박사인 저자가 3년간의 심층 취재를 토대로, 대가들의 황금 같은 메시지, 살아 펄떡이는 사례를 본인의 식견과 통찰력으로 풀어냈다. (추천 : 삶과 조직 경영에 있어 근원적인 해법을 찾는 모든 사람)

장사의 신
우노 다카시 지음 | 김문정 옮김 | 14,000원

장사에도 왕도가 있다! 일본 요식업계의 전설이자 '장사의 신' 우노 다카시. 커피숍의 매니저로 시작해, 200명이 넘는 자신의 직원들을 성공한 이자카야의 사장으로 만든 주인공이다. 부동산에서 가게 입지 선정하는 법, 백발백중 성공하는 메뉴 만드는 법, 올바른 접객 비법까지… 오랜 내공으로 다져진 그의 남다른 '장사의 도'를 낱낱이 전수받는다!

AFFLUENCE INTELLIGENCE